Plats familiaux

en 80 recettes **testées**

&

10 TECHNIQUES ILLUSTRÉES EN **PAS À PAS**

LEÇONS DE CUISINE

Plats familiaux

en **80** recettes **testées**

10 TECHNIQUES ILLUSTRÉES EN **PAS À PAS**

FIRST Editions

Sommaire

Pas à pas

1
VOLAILLE

5 à 10 min
PRÉPARATION

Découper une **volaille cuite**
(dans les règles de l'art en 8 morceaux)

Ingrédient

1 volaille

Ustensiles

1 planche à découper
1 couteau à désosser
1 fourchette à volaille

1

Posez la volaille rôtic sur une planche à découper, sur le flan. Piquez dans le dos avec la fourchette. Ecartez la cuisse vers l'extérieur, coupez à la jointure entre le gras de la cuisse et le pilon pour faire des parts équitables et détachez-la.

2

Incisez sur tout le long du bréchet.

3

Décollez les blancs avec le couteau.

4

Détachez le tout au niveau de la jointure.

5

Coupez les blancs de volaille en deux parts égales.

6

Retirez les « sot l'y laisse » situés au dos du poulet.

3 min
PRÉPARATION

Lever des **suprêmes d'agrumes**

Ingrédients

des oranges

Ustensiles

1 couteau d'office

1

Pelez l'orange à vif : découpez les deux extrémités. Otez l'écorce en glissant la lame du couteau sous l'écorce en suivant la forme naturelle de l'orange.

2

Retirez les petites peaux blanches restantes.

3

Placez l'orange au creux de votre main et glissez délicatement la lame du couteau contre une membrane jusqu'au centre du fruit. Faites la même chose de l'autre côté du quartier contre la membrane.

4

Le suprême d'orange se détache facilement.

5

Procéder de même pour tous les quartiers d'orange.

4 à 6
PERSONNES

35 min
PRÉPARATION

Réaliser un **fumet de poisson**

Ingrédients

1 kg d'arêtes de poissons
1 l d'eau
10 cl de noilly (ou de vin blanc)
1 oignon - 1 échalote émincée
quelques grains de poivre
bouquet garni
1 noix de beurre

Ustensiles

1 casserole - 1 cuillère en bois
1 chinois - des ciseaux

1

Concassez grossièrement les arêtes et parures de poisson à l'aide d'un ciseau.

2

Dans une casserole, faites fondre du beurre avec l'oignon pelé et coupé en quartiers.

3

Déposez les parures et faites-les revenir pendant quelques instants sans les faite colorer.

4

Ajoutez l'échalote émincée et le bouquet garni et cuire à feu doux pendant quelques minutes.

Mouillez avec l'eau et le noilly ou vin blanc (à hauteur).

Portez à ébullition et laissez frémir pendant environ 20 minutes.

Ecumez régulièrement.

Passez le bouillon au chinois.

Réduire quelques minutes votre fumet.

1
DORADE

5 min
PRÉPARATION

Lever un **filet de poisson**

Ingrédient

1 dorade

Ustensiles

1 planche à découper
1 couteau filet de sole

1

Prenez un poisson vidé, écaillé et dont les nageoires ont été coupées, et un couteau filet de sole.

2

Taillez deux entailles sur les côtés de la tête pour la retirer.

3

Posez le poisson à plat et incisez le long de l'arête dorsale.

4

Levez entièrement les filets en s'appuyant sur l'arête centrale (toujours travailler vers soi).

5

Parez les filets.

4 à 6
PERSONNES

5 min
PRÉPARATION

10 à 12 min
CUISSON

Réaliser **une béchamel**

Ingrédients

25 cl de lait
20 g de beurre
2 cuil. à soupe de farine
sel, poivre
1 pincée de noix de muscade

Ustensiles

1 casserole
1 fouet

1

Faites fondre le beurre dans une casserole.

2

Ajoutez la farine et mélangez jusqu'à ce que la farine ne colle plus aux parois (« un roux »).

3

Portez le lait à ébullition.

4

Versez le lait bouillant sur le roux et mélangez avec une cuillère en bois jusqu'à ce que le mélange épaississe.

2 min
PRÉPARATION

3 à 4 min
CUISSON

Cuire un **œuf mollet**

Ingrédients
Des œufs

Ustensiles
1 casserole

Dans une casserole, déposez les œufs et couvrez-les d'eau froide.

Versez un filet de vinaigre.

Faites chauffer les œufs et comptez 5 à 6 minutes dès les premiers frémissements.

Plongez les œufs dans de l'eau froide pour les écaler plus facilement.

Faites-les rouler délicatement sur le plan de travail pour fêler la coquille. Enfin, écalez-les sous un filet d'eau du robinet.

5 à 10 min
PRÉPARATION

Parer un **filet mignon**

Ingrédients

1 filet mignon

Ustensile

1 couteau d'office

1

Dénervez à l'aide d'un couteau

2

Retirez la graisse du filet mignon

3

Pour obtenir des médaillons : taillez en tronçons épais.

4

Pour obtenir des piccatas, taillez finement et en biais.

1 litre
BOUILLON

10 à 15 min
PRÉPARATION

1 h
CUISSON

Réaliser un **bouillon de légumes**

Ingrédients

1 oignon
1 poireau
3 carottes
4 champignons de paris
persil - bouquet garni

Ustensiles

1 casserole
1 couteau d'office
1 chinois

1

Coupez les oignons en fines rondelles.

2

Ouvrez le poireau en deux dans le sens de la longueur et émincez-le.

3

Coupez les carottes en fines rondelles.

4

Nettoyez et coupez le pied des champignons.

5

Dans une casserole, faites chauffer 1 cuil. à soupe d'huile d'olive.

Ajoutez tous les légumes émincés et faites cuire jusqu'à ce qu'ils colorent légèrement.

Ajoutez le persil, le bouquet garni et le poivre.

Couvrez d'eau à hauteur et faites chauffer à petits bouillons pendant au moins 1 heure.

Passez le bouillon au chinois.

3 min
PRÉPARATION

15 sec
CUISSON

Monder des **tomates**

Ingrédients

des tomates

Ustensiles

1 casserole

1 couteau d'office

1

Lavez les tomates et ôtez les pédoncules à l'aide de la pointe d'un couteau.

2

Réalisez une légère incision en « croix » sous la tomate.

3

Déposez les tomates dans l'eau bouillante pendant 15 secondes.

4

Plongez-les dans l'eau froide.

5

Retirez la peau à l'aide d'un couteau d'office.

6
PERSONNES

5 min
PRÉPARATION

Ficeler un **rôti**

Ingrédients

1 rôti

Ustensiles

1 planche à découper
du fil de cuisine

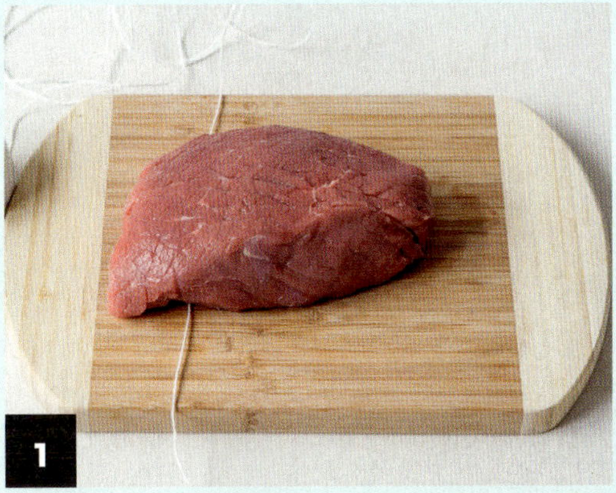

1

Glisser la ficelle sous le rôti en laissant dépasser d'un côté un bout suffisamment long pour pouvoir ficeler tout le rôti. A environ 1cm du bord, faites un nœud bien serré sur le rôti.

2

Réalisez une boucle avec la « grande ficelle » et passez le rôti entier à l'intérieur. Tirez bien pour nouer le rôti.

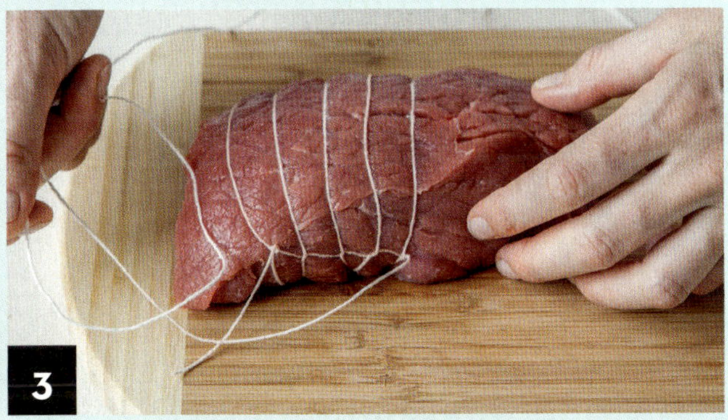

3

Recommencez l'opération tous les centimètres environ jusqu'à ce que le rôti soit entièrement ficelé.

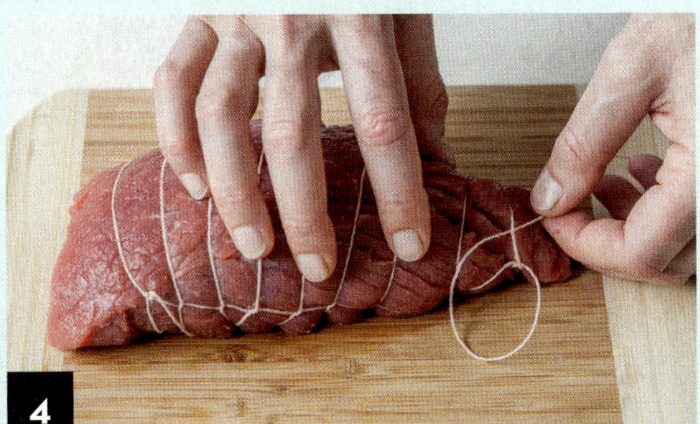

4

Faites un nœud pour maintenir l'ensemble.

Les entrées

Cake à la ratatouille

8
PERSONNES

Bon marché
COÛT

Facile
À RÉALISER

15 min
PRÉPARATION

40 min
CUISSON

Ustensiles

1 spatule - 1 fouet
1 saladier - 1 poêle
1 moule à cake

Ingrédients

250 g de ratatouille (un reste faite maison ou surgelée)
3 œufs
180 g de farine
1 sachet de levure
12 cl d'huile végétale
100 g de gruyère râpé
4 cl de lait
1 c. à s. de thym
1 c. à c. d'herbe de Provence
sel - poivre

1. Préchauffez le four à 180 °C (th. 6). Si la ratatouille est très liquide (ou si elle est surgelée), faites-la réduire dans une poêle à feu vif en mélangeant sans cesse afin de « l'assécher » un peu (sinon elle va détremper la pâte !).

2. Dans un saladier, fouettez les œufs avec le lait puis ajoutez la farine, la levure, 1 pincée de sel, les herbes et du poivre. Fouettez. Versez l'huile. Fouettez doucement puis vivement jusqu'à obtenir une pâte homogène.

3. Ajoutez la ratatouille à la pâte avec le gruyère. Mélangez le tout à l'aide d'une spatule.

4. Versez la pâte dans un moule à cake et enfournez pour 40 minutes environ. Laissez tiédir 5 minutes dans le moule, démoulez puis laissez complètement refroidir le cake avant de le déguster.

Petits cakes verts aux fèves

8
PERSONNES

Bon marché
COÛT

Facile
À RÉALISER

15 min
PRÉPARATION

40 min
CUISSON

Ustensiles

1 saladier - 1 fouet - 1 spatule
1 casserole - 1 passoire
8 petits moules à cake

Ingrédients

180 g de fèves surgelées
4 œufs - 5 cl de lait
12 cl d'huile d'olive
200 g de farine
1 sachet de levure
1 c. à s. bombée de pesto
2 branches de basilic frais
40 g de parmesan fraîchement râpé
sel - poivre

1. Préchauffez le four à 180 °C (th. 6). Portez 1 litre d'eau à ébullition. Mettez-y les fèves et laissez-les cuire 3 minutes à reprise de l'ébullition. Égouttez-les. Lavez, effeuillez, séchez et émincez finement le basilic.

2. Dans un saladier, mélangez les œufs, le pesto, le basilic et le lait. Ajoutez la farine et la levure et mélangez. Ajoutez le parmesan puis l'huile. Fouettez bien jusqu'à ce que la pâte soit homogène. Salez, poivrez.

3. Ajoutez les fèves et mélangez. Versez cette pâte dans les moules. Lissez la surface et enfournez pour 40 minutes environ. Laissez reposer hors du four 5 minutes, démoulez et laissez refroidir sur une grille.

4
PERSONNES

Bon marché
COÛT

Facile
À RÉALISER

15 min
PRÉPARATION

20 min
CUISSON

Corn dogs

Ustensiles

1 saladier
1 assiette creuse
8 brochettes en bois
1 friteuse
papier absorbant

Ingrédients

8 saucisses
6 cuil. à soupe de farine
3 cuil. à soupe de fécule de maïs
2 œufs
15 cl de lait
huile de friture
sel - poivre
ketchup
mayonnaise
moutarde

1. Préparez la pâte à frire en mélangeant la farine, la fécule, les œufs battus et le lait chauffé. Salez et poivrez. Vous devez obtenir une pâte fluide mais qui tiendra néanmoins sur les saucisses et qui est bien homogène. Versez-la dans une assiette creuse.

2. Enfoncez 1 brochette en bois bien au milieu de chaque saucisse et bien droite. Tournez chaque brochette dans la pâte pour bien enduire la saucisse. Recommencez jusqu'à épuisement des ingrédients.

3. Faites chauffer l'huile dans une grande friteuse et plongez-y les corn dogs.

4. Déposez-les au fur et à mesure sur du papier absorbant. Servez avec du ketchup, de la mayonnaise et de la moutarde.

VARIANTE Pour une recette plus légère, faites cuire au four sur une plaque graissée en retournant les corn dogs à mi-cuisson.

ASTUCE Ces corn dogs s'accompagnent bien de haricots blancs ou rouges.

Rillettes de sardines sur crostini

4
PERSONNES

Bon marché
COÛT

Facile
À RÉALISER

10 min
PRÉPARATION

10 min
CUISSON

Ustensiles
1 plat
1 bol
1 mixeur

Ingrédients
16 sardines
2 oignons frais avec la tige
4 tranches de pain de campagne
1 citron jaune
huile d'olive
2 branches de thym frais
50 g de beurre mou à la fleur de sel
sel - poivre du moulin

1. Préchauffez le four à 210 °C (th. 7). Lavez les sardines sous l'eau froide en enlevant les écailles à l'aide du pouce, puis cassez la tête et tirez-la en entraînant les viscères.

2. Rincez bien les poissons, puis posez-les côte à côte dans un plat, arrosez-les d'un mince filet d'huile d'olive, salez, poivrez et parsemez de thym. Enfournez et faites cuire pendant 10 minutes environ, puis laissez tiédir.

3. Pelez les oignons en gardant un peu de tige et mixez-les. Mettez-les dans un bol avec le jus du citron et le beurre, ajoutez la chair des sardines (sans les arêtes) et mélangez l'ensemble à la fourchette en laissant des morceaux.

4. Réservez au frais jusqu'au moment de servir avec les tranches de pain de campagne grillées.

Tartare de lotte et de saumon

4
PERSONNES

Élevé
COÛT

Facile
À RÉALISER

10 min
PRÉPARATION

1 h
RÉFRIGÉRATION

Ustensiles
1 saladier
1 planche à découper

Ingrédients
200 g de saumon frais
200 g de lotte
1 cuil. à soupe de ciboulette hachée
1 cuil. à soupe de basilic haché
2 cuil. à soupe d'huile d'olive
2 cuil. à soupe de crème fraîche
le jus d'½ citron
poivre du moulin

1. Placez les poissons au réfrigérateur pour avoir ensuite plus de facilité à les découper.

2. Coupez les poissons en petits dés. Déposez-les dans un saladier puis ajoutez l'huile d'olive, le jus de citron, la ciboulette, le basilic. Mélangez. Ajoutez la crème fraîche puis poivrez. Mélangez de nouveau.

3. Placez au réfrigérateur jusqu'au moment de servir.

4. Vous pouvez présenter ce tartare, soit sur des tartines de pain grillées, soit dans des verrines avec des dés de pamplemousse, d'avocat… ou bien encore le mouler à l'aide d'un emporte-pièce.

tartare
Rillettes

4
PERSONNES

Bon marché
COÛT

Facile
À RÉALISER

10 min
PRÉPARATION

8 min
CUISSON

Bricks de fromage frais

Ustensiles

4 piques à brochette
1 poêle

Ingrédients

4 portions de Kiri®
2 feuilles de brick
4 brins de coriandre
4 cuil. à soupe d'huile végétale

1. Préchauffez votre four à 200 °C (th. 7). Découpez chaque feuille de brick en 2 demi-cercles. Disposez sur chaque fromage une feuille de coriandre. Au centre de chaque demi-cercle, posez le Kiri®. Rabattez les côtés, puis la partie supérieure, et enfin la partie inférieure. S'il y a trop de pâte, n'hésitez pas à la découper. Plantez une petite pique à brochette (ou un cure-dent) dans l'épaisseur du fromage.

2. Faites chauffer l'huile à feu moyen dans une poêle. Quand l'huile est chaude, mettez à dorer les sucettes 2 à 3 minutes de chaque côté. Attention, il faut juste qu'elles prennent une teinte blonde. Terminez la cuisson en les laissant 5 minutes au four. Servez-les sans attendre.

VARIANTE On peut faire la même recette avec toutes sortes de fromages dès lors qu'ils ne sont pas trop forts en goût. Si vous le désirez, vous pouvez aussi remplacer la coriandre par du cerfeuil ou du persil plat.

ASTUCE Les enfants peuvent préparer cette recette, même les plus petits ! Les cuissons devant tout de même être faites avec les parents.

12
MADELEINES

Moyen
COÛT

Facile
À RÉALISER

15 min
PRÉPARATION

10 min
CUISSON

Madeleines carotte et gingembre

Ustensiles

1 saladier - 1 râpe
1 fouet - 1 tamis
1 moule pour 12 madeleines

Ingrédients

75 g de beurre fondu froid
125 g de farine - 2 œufs
4 c. à s. de lait
1 c. à s. de sucre
100 g de carottes râpées crues
1 morceau de gingembre frais de 2 cm de long
1 sachet de levure chimique
1 pincée de muscade
sel - poivre

1. Préchauffez le four à 240 °C (th. 8). Tamisez ensemble la farine et la levure.

2. Pelez le gingembre et râpez-le finement. Fouettez les œufs et le sucre, puis ajoutez le lait, les carottes et le gingembre râpés, le sel, le poivre et la muscade. Mélangez bien et ajoutez la farine tamisée, puis mélangez à nouveau. Ajoutez le beurre fondu froid.

3. Remplissez aux deux tiers les alvéoles du moule à madeleines. Faites cuire 10 minutes jusqu'à ce que les madeleines deviennent bombées et dorées. Démoulez à la sortie du four et dégustez chaud ou tiède.

Brochettes de figues et mini-madeleines aux noix et roquefort

16
BROCHETTES

Élevé
COÛT

Facile
À RÉALISER

15 min
PRÉPARATION

6 à 8 min
CUISSON

Ustensiles

1 saladier - 1 fouet
1 moule à mini-madeleines en silicone
16 piques à brochettes

Ingrédients

25 g de beurre fondu froid
60 g de farine - ½ sachet de levure chimique
2 c. à s. de lait - 1 œuf
1 c. à s. de noix concassées
30 g de roquefort
4 figues violettes bien mûres
poivre du moulin

1. Préchauffez le four à 210 °C (th. 7). Tamisez ensemble la farine et la levure.

2. Fouettez l'œuf et le lait, puis ajoutez le roquefort et les noix. Poivrez légèrement. Mélangez bien et ajoutez la farine tamisée, puis mélangez à nouveau. Ajoutez le beurre fondu froid.

3. Remplissez aux deux tiers les alvéoles du moule à mini-madeleines. Faites cuire 6 à 8 minutes, jusqu'à ce que les madeleines deviennent bombées et dorées.

4. Découpez les figues en quartiers et piquez 1 quartier de figue et 1 mini-madeleine par brochette.

4
PERSONNES

Moyen
COÛT

Facile
À RÉALISER

10 min
PRÉPARATION

2 h
RÉFRIGÉRATION

Boulettes au fromage de chèvre et à la menthe

Ustensiles

1 saladier

1 poêle

1 grand plat

Ingrédients

270 g de fromage de chèvre frais

180 g de feta

150 g de graines de sésame

100 g d'olives noires dénoyautées

1 bouquet de menthe fraîche

1 cuil. à café rase de cumin moulu

½ cuil. à café de piment doux

1. Émiettez le fromage de chèvre et la feta dans un grand saladier. Mélangez à la fourchette et incorporez les épices. À l'aide d'un gros couteau, hachez finement les olives égouttées sur une planche. Ajoutez les olives hachées au mélange précédent.

2. Formez des boulettes de petite taille. Ciselez finement les feuilles de menthe, passées sous l'eau fraîche et épongées.

3. Faites revenir les graines de sésame à sec dans une poêle, pour obtenir une légère coloration. Disposez le hachis d'herbes dans une assiette et versez dessus les graines de sésame.

4. Roulez les boulettes dans ce mélange pour bien les enrober. Laissez durcir 2 heures au réfrigérateur avant de servir. Servez en apéritif.

VARIANTE Vous pouvez remplacer la menthe par de la ciboulette.

ASTUCE Servez ces boulettes avec un taboulé vert (voir recette p. 62) !

4
PERSONNES

Bon marché
COÛT

Très facile
À RÉALISER

15 min
PRÉPARATION

2 h 30
CUISSON

12 h
RÉFRIGÉRATION

Rillettes de porc fermier

Ustensiles

1 cocotte
1 passoire à grille fine
1 petite terrine de 25 cl

Ingrédients

250 g de palette ou de pointe de porc fermier
100 g de saindoux
1 feuille de laurier
1 cuil. à café de sel
poivre du moulin

1. Coupez la viande en gros cubes. Faites fondre la moitié du saindoux à feu doux dans une cocotte, salez, ajoutez la feuille de laurier puis la viande, ainsi que 10 cl d'eau. Laissez cuire à couvert pendant 2 heures 30, toujours à feu très doux, sans porter à ébullition.

2. Retirez la viande de la cocotte, filtrez la graisse dans une passoire à grille fine. Émiettez la viande avec une fourchette en incorporant un peu de graisse filtrée, le mélange doit être onctueux. Poivrez.

3. Transvasez le tout dans une terrine. Faites fondre à feu doux le reste de saindoux, versez-le sur les rillettes de manière à former une couche un peu épaisse.

4. Placez au réfrigérateur pendant 12 heures avant de déguster. Consommez dans les 3 jours.

VARIANTE Remplacez le saindoux par de la graisse de canard ou d'oie.

ASTUCE Si vous avez du temps, laissez cuire la viande plus longtemps, jusqu'à 4 heures, les rillettes n'en seront que plus fondantes.

Velouté de châtaignes

6
PERSONNES

Bon marché
COÛT

Très facile
À RÉALISER

10 min
PRÉPARATION

25 min
CUISSON

Ustensiles

1 grande casserole
1 râpe
1 mixeur plongeant

Ingrédients

600 g de châtaignes surgelées
1 oignon
20 g de beurre
2 cubes de bouillon de vollaille
50 cl de lait
poivre - noix muscade

1. Pelez et émincez l'oignon. Faites-le revenir dans une casserole avec le beurre. Ajoutez les châtaignes et les cubes de bouillon.

2. Arrosez de lait et de 50 cl d'eau. Assaisonnez de poivre et râpez 1 pincée de noix muscade. Portez à ébullition. Mélangez, baissez le feu et laissez cuire à petits frémissements pendant environ 25 minutes.

3. Vérifiez la cuisson : les châtaignes doivent être bien tendres. Prélevez-en 3 cuillerées à soupe. Mixez le reste de la soupe et vérifiez l'assaisonnement.

4. Servez ce velouté bien chaud, parsemé des brisures de châtaignes réservées.

VARIANTE Si vous utilisez des châtaignes conditionnées sous-vide ou en bocal, réduisez la cuisson de 10 minutes. Au moment de servir, vous pouvez ajouter 10 cl de crème fouettée.

ASTUCE Ce velouté ne contient pas de sel en raison des cubes de bouillon qui sont déjà salés. Avant de servir, goûtez et rectifiez éventuellement l'assaisonnement.

4
PERSONNES

Bon marché
COÛT

Très facile
À RÉALISER

15 min
PRÉPARATION

20 min
CUISSON

Soupe gratinée à l'oignon

Ustensiles

1 grande casserole
1 grille-pain
4 bols

Ingrédients

400 g d'oignons
40 g de beurre
20 g de farine
1 l de bouillon de volaille
125 g de gruyère râpé
poivre
4 tranches de pain

1. Épluchez et émincez finement les oignons. Dans une grande casserole, faites fondre le beurre. Ajoutez les oignons émincés avec une pincée de poivre, et laissez-les cuire jusqu'à une légère coloration. Incorporez la farine en pluie. Mélangez bien, versez le bouillon de volaille. Portez le tout à ébullition et faites cuire, à feu doux, pendant une vingtaine de minutes. Rectifiez l'assaisonnement de la soupe.

2. Faites griller 4 tranches de pain. Versez la soupe à l'oignon dans les bols. Posez par-dessus les tranches de pain, puis une bonne couche de gruyère râpé. Faites gratiner dans un four bien chaud ou sous la salamandre du four.

Potage parmentier aux petits croûtons

4
PERSONNES

Bon marché
COÛT

Très facile
À RÉALISER

15 min
PRÉPARATION

35 min
CUISSON

Ustensiles

1 poêle - 1 grande casserole
1 mixeur plongeant - 4 bols

Ingrédients

600 g de pommes de terre
1 blanc de poireau
20 g de beurre
1 l d'eau
10 cl de crème liquide
1 feuille de laurier
4 tranches de pain de mie
2 cuil. à soupe d'huile
4 pluches de cerfeuil
sel fin

1. Détaillez les tranches de pain de mie en petits dés réguliers. Faites chauffer un peu d'huile dans une poêle. Colorez les croûtons de pain en les retournant régulièrement dans la graisse chaude. Épluchez les pommes de terre et coupez-les en petits quartiers. Lavez le blanc de poireau, fendez-le en deux et émincez-le finement.

2. Dans une grande casserole, faites suer au beurre le poireau émincé. Ajoutez l'eau froide, les quartiers de pommes de terre, du sel fin et la feuille de laurier. Portez le tout à ébullition. Laissez cuire doucement à couvert pendant 30 à 35 minutes. Retirez la feuille de laurier. Ajoutez la crème liquide et mixez le potage à l'aide d'un mixeur plongeant. Rectifiez l'assaisonnement. Servez ce potage dans les bols avec des petits croûtons de pain de mie. Décorez avec un trait d'huile et une pluche de cerfeuil.

Velouté de céleri au curry

4
PERSONNES

Bon marché
COÛT

Très facile
À RÉALISER

15 min
PRÉPARATION

30 min
CUISSON

Ustensiles

1 grande casserole
1 mixeur plongeant
4 tasses

Ingrédients

½ boule de céleri-rave
1 pomme de terre
1 petit blanc de poireau
1 l de bouillon de volaille
10 cl de crème fraîche épaisse
sel de céleri - curry
4 brins de coriandre

1. Épluchez le demi-céleri et la pomme de terre, découpez-les en gros dés. Émincez finement le blanc de poireau.

2. Dans une casserole, faites suer au beurre le blanc de poireau. Ajoutez le bouillon de volaille, puis les dés de céleri et de pommes de terre. Faites frémir le tout pendant 30 minutes à couvert.

3. Mixez et crémez ce velouté de céleri. Rectifiez l'assaisonnement avec du sel de céleri et une bonne pincée de curry. Répartissez le velouté bien chaud dans les tasses. Parsemez de coriandre hachée.

Velouté tomaté à l'huile de basilic

4
PERSONNES

Bon marché
COÛT

Facile
À RÉALISER

15 min
PRÉPARATION

25 min
CUISSON

Ustensiles

1 casserole - 1 bol
1 mixeur plongeant
4 tasses

Ingrédients

4 grosses tomates bien mûres
3 c. à s. d'huile d'olive
1 oignon - 2 gousses d'ail
3 c. à s. de concentré de tomate
30 g de farine
1 l de bouillon de volaille
10 cl de crème liquide
quelques feuilles de basilic
sel fin

1. Coupez les tomates en quartiers, enlevez les pépins, puis concassez grossièrement la chair au couteau. Émincez l'oignon. Hachez finement 1 gousse d'ail.

2. Faites chauffer 1 cuillerée à soupe d'huile d'olive dans une grande casserole. Laissez suer pendant 1 à 2 minutes l'oignon et la tomate concassée. Ajoutez l'ail haché et le concentré de tomate, saupoudrez de farine. Mélangez, puis versez dessus le bouillon de volaille tiède. Portez le tout à ébullition et laissez cuire à couvert pendant 20 à 25 minutes. Surveillez et remuez régulièrement la soupe. Mixez-la à l'aide d'un petit mixeur plongeant, crémez et rectifiez l'assaisonnement.

3. Toujours à l'aide du mixeur plongeant, mixez 2 cuillerées à soupe d'huile avec 4 feuilles de basilic, 1 gousse d'ail et une pincée de sel fin. Répartissez la soupe dans les tasses. Décorez avec quelques traits d'huile parfumée et des feuilles de basilic.

4
PERSONNES

Moyen
COÛT

Facile
À RÉALISER

25 min
PRÉPARATION

30 min
CUISSON

Crème Du Barry, chiffonnade de jambon blanc et croûtons

Ustensiles
1 casserole
1 mixeur plongeant
1 poêle
4 bols

Ingrédients
1 petit chou-fleur
50 cl de lait
50 cl de bouillon de volaille
20 cl de crème liquide
2 tranches de jambon blanc
4 tranches de pain sec
1 cuil. à soupe d'huile
4 pluches de cerfeuil
sel fin

1. Découpez le chou-fleur en petits bouquets. Supprimez le trognon. Lavez et égouttez les bouquets de chou-fleur.

2. Déposez le chou-fleur dans une grande casserole ou une marmite. Versez par-dessus le lait et le bouillon de volaille. Portez le tout à ébullition et laissez frémir, à couvert, pendant 30 minutes. Vérifiez la cuisson du chou-fleur. Ajoutez la crème et mixez le tout à l'aide d'un petit mixeur plongeant. Rectifiez l'assaisonnement.

3. Détaillez les tranches de pain sec en petits dés réguliers. Faites chauffer un peu d'huile dans une poêle. Colorez les croûtons de pain en les retournant régulièrement dans la graisse chaude.

4. Enroulez les tranches de jambon sur elles-mêmes et émincez-les finement. Répartissez la crème de chou-fleur dans les bols, ajoutez un peu de chiffonnade de jambon, quelques croûtons et une belle pluche de cerfeuil.

VARIANTE Ajoutez une pomme de terre épluchée et coupée en six dans la soupe pour l'épaissir un peu.

ASTUCE Vous pouvez aussi colorer les croûtons de pain au four : il suffit de les déposer dans un plat, de les arroser d'un filet d'huile et de les laisser cuire 30 minutes à 150 °C (th. 5).

4
PERSONNES

Bon marché
COÛT

Très facile
À RÉALISER

15 min
PRÉPARATION

20 min
CUISSON

Soupe de potiron au fromage frais et ciboulette

Ustensiles
1 grande casserole
1 mixeur plongeant
4 tasses

Ingrédients
400 g de pulpe de potiron
½ oignon
20 g de beurre
40 cl de bouillon de volaille corsé
4 carrés de fromage frais (4 x 25 g)
1 feuille de laurier
sel fin - quelques brins de ciboulette

1. Détaillez la pulpe de potiron en cubes. Émincez finement le demi-oignon.

2. Dans une grande casserole, faites revenir au beurre et sans coloration l'oignon émincé. Mouillez avec le bouillon de volaille. Ajoutez les cubes de potiron et la feuille de laurier. Portez le tout à ébullition. Laissez cuire doucement pendant 20 minutes et à couvert. Écumez si nécessaire.

3. Retirez la feuille de laurier. Mixez la soupe à l'aide d'un mixeur plongeant. Ajoutez la moitié de fromage frais, mixez à nouveau et rectifiez l'assaisonnement. Versez le velouté de potiron dans les tasses. Parsemez du reste de fromage frais découpé en petits morceaux et de ciboulette finement hachée.

Potage léger de pommes de terre et poireaux

4
PERSONNES

Bon marché
COÛT

Très facile
À RÉALISER

15 min
PRÉPARATION

35 min
CUISSON

Ustensiles
1 grande casserole
1 mixeur plongeant
4 gobelets

Ingrédients
500 g de pommes de terre
1 blanc de poireau
20 g de beurre
1 l d'eau
100 g de fromage frais
1 feuille de laurier
sel fin

1. Épluchez les pommes de terre et coupez-les en petits quartiers. Lavez le blanc de poireau, fendez-le en deux, émincez-le finement. Dans une grande casserole, faites suer au beurre le poireau émincé. Ajoutez le litre d'eau froide, les pommes de terre, du sel fin et la feuille de laurier.

2. Portez le tout à ébullition. Laissez cuire doucement à couvert pendant 30 à 35 minutes. Retirez la feuille de laurier. Ajoutez le fromage frais et mixez le potage à l'aide d'un mixeur plongeant.

4
PERSONNES

Bon marché
COÛT

Facile
À RÉALISER

10 min
PRÉPARATION

20 min
CUISSON

Velouté glacé menthe et petits pois

Ustensiles

1 casserole
1 écumoire
1 mixeur plongeant ou 1 blender

Ingrédients

400 g de petits pois surgelés
½ bouquet de menthe
1 poignée de roquette
2 cubes de bouillon de volaille
10 cl de crème liquide allégée
poivre

1. Délayez les cubes de bouillon dans 50 cl d'eau bouillante. Versez dans une casserole, ajoutez les petits pois et la roquette.

2. Couvrez d'eau à hauteur. Faites cuire pendant 20 minutes. Égouttez les petits pois en réservant le bouillon de cuisson.

3. Lavez, séchez et effeuillez la menthe. Ciselez-la grossièrement. Mixez-la avec les petits pois.

4. Délayez avec le bouillon de cuisson, pour obtenir un velouté. Poivrez. Ajoutez la crème et laissez refroidir avant de servir.

VARIANTE Ne délayez pas la purée de petits pois avec le bouillon, ajoutez de la crème et servez cette sauce chaude en accompagnement de poissons.

ASTUCE Goûtez avant de servir et rectifiez l'assaisonnement. Pour accentuer le parfum de menthe, vous pouvez ajouter 1 goutte d'huile essentielle de menthe.

4
PERSONNES

Bon marché
COÛT

Facile
À RÉALISER

20 min
PRÉPARATION

45 min
CUISSON

Crème de lentilles corail au lait de coco

Ustensiles

1 casserole
1 mixeur plongeant
4 bols

Ingrédients

300 g de lentilles corail
1 l d'eau
1 oignon
1 blanc de poireau
1 carotte
1 gousse d'ail
50 g de beurre
1 feuille de laurier
2 cuil. à soupe de crème épaisse
8 cl de crème de coco
piment rouge en poudre
gros sel

1. Lavez soigneusement les lentilles corail. Émincez finement l'oignon, le blanc de poireau et la carotte. Dégermez la gousse d'ail.

2. Dans une grande casserole, faites fondre le beurre. Ajoutez l'oignon, le blanc de poireau et la carotte émincés. Laissez suer un peu. Versez par-dessus le litre d'eau froide. Ajoutez les lentilles égouttées, la gousse d'ail et la feuille de laurier. Ne salez pas. Faites frémir le tout et laissez cuire à couvert pendant 35 à 40 minutes. Salez en fin de cuisson, puis retirez la feuille de laurier et la gousse d'ail.

3. Mixez cette soupe de lentilles à l'aide d'un petit mixeur plongeant. Ajoutez la crème épaisse et mélangez bien. Salez si nécessaire.

4. Répartissez cette crème de lentille corail dans les bols. Dessinez un tourbillon en versant un trait de crème de coco à la surface de la soupe. Saupoudrez la crème de coco de poudre de piment rouge.

VARIANTE Ajoutez quelques croûtons de pain séchés et épicés au curry.

ASTUCE Le piment va apporter une note supplémentaire de saveur et de couleur à ce plat.

4
PERSONNES

Bon marché
COÛT

Facile
À RÉALISER

15 min
PRÉPARATION

10 min
CUISSON

Salade de carottes aux pois chiches

Ustensiles

1 casserole

1 bol

1 passoire

Ingrédients

300 g de carottes surgelées

1 petite boîte de pois chiches

le jus d'1 citron

3 cuil. à soupe d'huile d'olive

½ cuil. à café de harissa

½ cuil. à café de cumin en poudre

3 cuil. à soupe de coriandre surgelée

1 gousse d'ail

sel - poivre

1. Versez les carottes dans une casserole et couvrez d'eau à hauteur. Portez à ébullition. Laissez cuire pendant 10 minutes à frémissements.

2. Pelez et hachez la gousse d'ail. Dans un bol, versez le jus du citron avec l'ail, la harissa, le cumin, du sel et du poivre. Délayez avec l'huile d'olive. Émulsionnez.

3. Égouttez et rincez les pois chiches. Égouttez les carottes. Laissez-les refroidir et mélangez-les avec les pois chiches égouttés.

4. Arrosez de vinaigrette. Parsemez la salade de coriandre et servez.

VARIANTE Remplacez les carottes surgelées par 4 carottes fraîches, les pois chiches par des pommes de terre cuites et coupées en rondelles.

ASTUCE Si vous trouvez la harissa trop piquante, équilibrez-la avec un peu de miel.

4
PERSONNES

Moyen
COÛT

Facile
À RÉALISER

15 min
PRÉPARATION

Salade niçoise

Ustensiles

1 couteau économe
1 plat creux

Ingrédients

200 g de mesclun (mélange de salades)
2 tomates
1 concombre
½ poivron vert
1 petit oignon
8 filets d'anchois
1 boîte de thon à l'huile
16 olives noires de Nice
4 feuilles de basilic
4 cuil. à soupe d'huile d'olive
sel
poivre

1. Coupez les tomates en petits cubes. Coupez grossièrement les feuilles de mesclun.

2. Pelez le concombre à l'aide d'un couteau Économe et découpez-le en petits dés.

3. Pelez l'oignon et coupez-le en rondelles. Émincez le demi-poivron en fines lanières en n'oubliant pas d'ôter les graines. Découpez les anchois en lanières. Égouttez le thon.

4. Dans un plat creux, mélangez tous les ingrédients de la salade. Assaisonnez d'huile d'olive, salez et poivrez. Mélangez avant de servir.

VARIANTE Enrichissez cette salade avec 2 œufs durs coupés en morceaux.

ASTUCE Si vous préférez consommer les poivrons sans la peau, vous pouvez les passer sous le gril du four en les retournant jusqu'à ce que la peau noircisse uniformément. Ensuite, vous n'aurez plus qu'à les peler.

4
PERSONNES

Bon marché
COÛT

Facile
À RÉALISER

30 min
PRÉPARATION

30 min
REPOS

Salade de chou rouge aux raisins blonds

Ustensiles

1 mandoline
1 saladier
1 presse-agrumes
1 bol
1 fouet
4 assiettes

Ingrédients

1 chou rouge
2 cuil. à soupe bien bombées de raisins blonds
1 orange
1 pincée de curcuma
1 cuil. à café de miel
1 cuil. à café de moutarde au miel
2 cuil. à soupe d'huile de pépins de raisin
1 cuil. à soupe de vinaigre de cidre
fleur de sel
poivre du moulin

1. Ôtez les premières feuilles du chou. Coupez-le en quatre et rincez les morceaux à l'eau claire. Séchez soigneusement. Ôtez les côtes centrales et, à l'aide de la mandoline, émincez finement le chou. Débarrassez dans un saladier.

2. Pressez l'orange, récupérez le jus et versez-le sur le chou. Mélangez et laissez mariner 30 minutes. Remplissez un bol d'eau chaude et faites gonfler les raisins blonds.

3. Égouttez le chou et récupérez le jus de marinade. Préparez une vinaigrette en mélangeant la cuillerée de moutarde, celle de miel, le vinaigre et l'huile. Mélangez au fouet en ajoutant la pincée de curcuma, du sel, du poivre, et allongez légèrement la sauce avec 1 cuillerée à soupe de marinade.

4. Versez cette vinaigrette sur le chou rouge, puis incorporez les raisins secs gonflés et égouttés. Mélangez et répartissez dans des assiettes creuses.

VARIANTE Faites confire le chou au beurre sans vinaigre et servez ce légume en accompagnement d'un rôti de veau.

ASTUCE La saveur douce de l'huile de pépins de raisin rehausse le goût des assaisonnements un peu délicats.

4
PERSONNES

Moyen
COÛT

Facile
À RÉALISER

15 min
PRÉPARATION

10 min
CUISSON

Salade de pommes de terre et saumon gravlax

Ustensiles

1 autocuiseur
1 saladier
1 fouet électrique
1 bol
4 assiettes

Ingrédients

600 g de rattes du Touquet
4 tranches de saumon de Norvège
1 botte d'aneth
1 jaune d'œuf
1 cuil. à café de moutarde de Dijon
1 cuil. à café de moutarde douce type Savora®
15 cl d'huile de tournesol
1 cuil. à café de sucre roux
1 cuil. à café de jus de citron
1 cuil. à soupe de crème fraîche épaisse
sel de Guérande
poivre blanc

1. Faites bouillir de l'eau dans un autocuiseur et faites cuire les pommes de terre à la vapeur pendant 10 minutes. Laissez refroidir et épluchez les pommes de terre en les laissant entières. Réservez dans un saladier. Lavez et séchez l'aneth.

2. Montez la mayonnaise au fouet électrique en mélangeant le jaune d'œuf, le sucre, les moutardes, le jus de citron et la crème et en ajoutant petit à petit l'huile de tournesol. Poivrez et salez. Ajoutez les deux tiers des pluches d'aneth et mélangez.

3. Versez les trois quarts de la sauce gravlax sur les pommes de terre et mélangez bien afin de les napper de manière homogène. Taillez les tranches de saumon en fines lanières et mettez-les dans la sauce restante. Remuez. Réservez.

4. Dressez les pommes de terre dans les assiettes, ajoutez les lamelles de saumon. Décorez avec le reste des pluches d'aneth et servez à température ambiante.

VARIANTE Réalisez une sauce plus douce en fouettant un yaourt avec du sirop d'érable et un peu de crème fraîche.

ASTUCE Faites mariner un cœur de saumon toute une nuit dans un mélange de sucre, de sel, de vinaigre de vin et de moutarde douce.

4
PERSONNES

Bon marché
COÛT

Facile
À RÉALISER

15 min
PRÉPARATION

10 min
CUISSON

Salade de poulet, pamplemousse, mâche et avocat

Ustensiles

1 assiette creuse
1 poêle
1 saladier

Ingrédients

2 blancs de poulet
200 g de mâche
1 avocat
1 pamplemousse
le jus d'1 citron jaune
6 c. à s. d'huile d'olive
sel - poivre

1. Coupez les blancs de poulet en lamelles. Faites chauffer 2 cuillerées à soupe d'huile d'olive dans une poêle et faites revenir les lamelles de poulet jusqu'à ce qu'elles soient bien colorées. Salez et poivrez selon votre goût. Pelez le pamplemousse à vif (c'est-à-dire sans la petite peau blanche qui entoure chacun des quartiers) au-dessus d'une assiette creuse pour récupérer le jus. Coupez les quartiers en 2.

2. Ouvrez l'avocat en 2, dénoyautez-le et coupez la chair en cubes. Citronnez-les afin qu'ils ne noircissent pas. Dans un saladier, rassemblez la mâche, les lamelles de poulet, les cubes d'avocat (avec le jus du citron) et les morceaux de pamplemousse. Ajoutez le jus de pamplemousse récupéré, et le reste d'huile d'olive. Salez et poivrez selon votre goût. Mélangez et dégustez sans attendre.

Salade d'endives au poulet et au curry

4
PERSONNES

Bon marché
COÛT

Facile
À RÉALISER

15 min
PRÉPARATION

10 min
CUISSON

Ustensiles

1 poêle
1 saladier

Ingrédients

4 belles endives
2 blancs de poulet
12 cerneaux de noix
1 c. à s. de curry en poudre
2 c. à s. d'huile de noix
4 c. à s. d'huile d'olive
2 c. à s. de vinaigre balsamique
sel - poivre

1. Coupez les blancs de poulet en lamelles.

2. Faites chauffer 2 cuillerées à soupe d'huile d'olive dans une poêle et faites revenir les lamelles de poulet jusqu'à ce qu'elles soient bien colorées. Salez et poivrez selon votre goût.

3. Passez les endives sous l'eau. Essuyez-les, retirez la base et les premières feuilles si elles sont abîmées, émincez-les finement.

4. Dans un saladier, rassemblez les endives, les cerneaux de noix et les lamelles de poulet. Ajoutez le reste d'huile d'olive, l'huile de noix et le vinaigre. Saupoudrez de curry et mélangez bien. Rectifiez l'assaisonnement selon votre goût puis servez.

4
PERSONNES

Bon marché
COÛT

Facile
À RÉALISER

20 min
PRÉPARATION

40 min
CUISSON

Salade tiède de cocos

Ustensiles

1 casserole

1 saladier

4 petits saladiers individuels

Ingrédients

1 kg de haricots de Paimpol à écosser

2 tomates

1 carotte

1 branche de céleri

1 feuille de laurier

1 branche de romarin

1 bouquet de basilic

5 cuil. à soupe d'huile d'olive

1 cuil. à soupe de vinaigre balsamique

fleur de sel

poivre du moulin

1. Écossez les haricots, pelez la carotte, épluchez le céleri et réservez. Faites chauffer une casserole avec 1 cuillerée d'huile d'olive, ajoutez la carotte, le céleri, le laurier, le romarin et les haricots. Remuez avec une spatule et couvrez d'eau froide. Laissez cuire à feu doux et à couvert pendant 40 minutes.

2. Plongez les tomates 1 minute dans l'eau bouillante, puis faites-les refroidir sous l'eau froide et pelez-les. Ôtez les pépins et coupez-les en petits dés.

3. Préparez la vinaigrette en émulsionnant huile d'olive et vinaigre. Salez et poivrez. Réservez. Égouttez les haricots, en laissant de côté la carotte, le céleri et les aromates. Laissez-les tiédir dans un saladier. Rincez et essuyez le basilic, ciselez-le et réservez.

4. Versez la vinaigrette sur les haricots, ajoutez les tomates concassées et mélangez soigneusement. Répartissez dans les petits saladiers et parsemez du basilic ciselé. Donnez à nouveau un tour de moulin à poivre et dégustez.

VARIANTE Mixez les cocos pour en faire une soupe délayée avec un peu de crème fraîche liquide et servez parsemé de dés de tomates.

ASTUCE Hors saison, rabattez-vous sur des haricots surgelés type mojettes.

Taboulé vert

4
PERSONNES

Bon marché
COÛT

Très facile
À RÉALISER

15 min
PRÉPARATION

15 min
CUISSON

Ustensiles

2 casseroles
1 passoire fine
1 poêle
1 saladier

Ingrédients

½ verre de quinoa
200 g de févettes surgelées
2 blancs de poulet
2 c. à s. d'huile d'olive
4 rondelles de chèvre frais
sel - poivre

1. Lavez le quinoa à l'eau claire. Faites-le cuire pendant 10 minutes dans de l'eau bouillante salée. Faites cuire les févettes également pendant 10 minutes dans de l'eau bouillante salée. Égouttez et laissez refroidir.

2. Faites chauffer 1 cuillerée d'huile dans une poêle. Mettez-y à dorer le poulet, 3 minutes sur chaque face. Baissez le feu, couvrez et laissez cuire pendant 5 minutes. Coupez-le en lanières et laissez-le refroidir.

3. Dans un saladier, mélangez le quinoa, les févettes et les lanières de poulet. Coupez le chèvre en morceaux et ajoutez-les dans le saladier. Salez et poivrez. Arrosez d'un filet d'huile d'olive. Mélangez bien et servez.

Salade d'épinards au curry

4
PERSONNES

Bon marché
COÛT

Très facile
À RÉALISER

10 min
PRÉPARATION

Ustensiles

1 saladier
1 bol
1 couteau

Ingrédients

200 g de pousses d'épinards
1 c. à c. de curry
1 c. à c. de moutarde
1 c. à s. de vinaigre de cidre
2 c. à soupe d'huile de tournesol
1 c. à s. de raisins secs
1 pomme verte
sel - poivre

1. Lavez et essorez les pousses d'épinards. Mélangez la moutarde avec le curry, du sel, du poivre. Délayez avec le vinaigre, puis l'huile. Pelez et épépinez la pomme. Coupez-la en dés.

2. Mélangez les épinards, les raisins secs et la pomme dans un saladier. Assaisonnez de vinaigrette. Mélangez et servez.

Les plats

4
PERSONNES

Moyen
COÛT

Très facile
À RÉALISER

20 min
PRÉPARATION

5 min
CUISSON

Boulettes d'agneau, sauce yaourt-menthe

Ustensiles

1 hachoir
1 poêle
1 saladier
1 fouet à main

Ingrédients

500 g d'épaule d'agneau dégraissée
150 g de mie de pain rassise
15 cl de lait
2 œufs - 1 oignon
½ bouquet de menthe fraîche
1 c. à c. rase de gingembre moulu
1 c. à s. d'huile d'olive
huile pour friture
sel et poivre du moulin

Pour la sauce

80 g de yaourt nature
le jus d'½ citron
3 c. à s. de feuilles de menthe hachées
1,5 c. à c. de curry en poudre ou en pâte
1 pincée de sucre
sel et poivre du moulin

1. Faites tremper la mie de pain dans un bol de lait pendant 10 minutes. Hachez la viande. Épluchez et hachez finement l'oignon. Lavez et ciselez le demi-bouquet de menthe. Mettez l'huile d'olive dans une poêle et faites-y revenir l'oignon émincé jusqu'à ce qu'il devienne translucide.

2. Retirez du feu et réservez. Essorez la mie de pain entre vos doigts et jetez le lait. Dans un saladier, mélangez la viande hachée, l'oignon et la mie de pain. Battez les œufs en omelette à l'aide d'une fourchette. Salez et poivrez. Ajoutez-les à la préparation ainsi que la menthe. Mélangez bien. Assaisonnez avec le gingembre.

3. Façonnez des boulettes de petite taille entre vos mains. Versez l'huile de friture dans la poêle. Faites-y cuire les boulettes au fur et à mesure, pendant 5 minutes environ, jusqu'à ce qu'elles soient bien dorées.

4. Égouttez les boulettes sur du papier absorbant plié en deux. Préparez la sauce en mélangeant tous les ingrédients à l'exception de la menthe et en mélangeant avec le fouet à main. Rectifiez l'assaisonnement et ajoutez la menthe en dernier. Servez les boulettes chaudes ou tièdes, accompagnées de leur sauce.

VARIANTE Vous donnerez à ces boulettes une saveur différente si vous les faites réchauffer et mijoter quelques minutes dans une sauce tomate parfumée au curry et à la coriandre fraîche.

ASTUCE Pour donner plus de moelleux aux boulettes, vous pouvez ajouter 2 cuillerées à café de yaourt grec à la préparation à base de viande.

4
PERSONNES

Bon marché
COÛT

Facile
À RÉALISER

5 min
PRÉPARATION

2 à 4 min/brick
CUISSON

Bricks à l'œuf et au thon

Ustensile

1 poêle

Ingrédients

8 c. à s. d'huile d'olive
4 feuilles de brick
150 g de thon au naturel
4 c. à s. de câpres
4 c. à s. de persil haché
4 pincées de cumin
4 œufs frais
sel - poivre

1. Dans une grande poêle, versez 2 cuillerées à soupe d'huile d'olive, faites chauffer à feu moyen. Déposez 1 feuille de brick, garnissez-la d'un quart du thon, d'1 cuillerée à soupe de câpres, d'1 cuillerée à soupe de persil haché et d'1 pincée de cumin.

2. Cassez l'œuf dessus. Laissez cuire 1 à 2 minutes, pliez la brick en 2, puis retournez-la pour la cuire de l'autre côté.

3. Faites de même pour les 3 bricks restantes, servez au fur et à mesure. Les bricks se mangent bien chaudes !

Bricks au bœuf et pommes de terre

4
PERSONNES

Bon marché
COÛT

Facile
À RÉALISER

5 min
PRÉPARATION

2 à 4 min/brick
CUISSON

Ustensiles

1 casserole - 1 poêle

Ingrédients

4 pommes de terre
½ oignon blanc
8 c. à s. d'huile d'olive
200 g de viande de bœuf hachée
50 g d'olives vertes dénoyautées légèrement pimentées
4 feuilles de brick
4 petits piments doux marinés à l'huile d'olive
sel - poivre

1. Faites cuire les pommes de terre à l'eau, puis tranchez-les en rondelles. Épluchez et émincez l'oignon.

2. Dans une grande poêle, versez 2 cuillerées à soupe d'huile d'olive, faites chauffer à feu moyen. Déposez 1 brick, garnissez-la de 50 g de viande hachée, d'1 cuillerée à café d'oignon émincé. Baissez le feu et faites cuire à feu doux 1 à 2 minutes. Remuez le bœuf si besoin pour qu'il cuise à point.

3. Ajoutez 1 pomme de terre tranchée, quelques olives vertes et 1 piment. Repliez la feuille de brick en 2, retournez-la pour la faire griller de l'autre côté. Faites de même pour les 3 autres bricks. Servez immédiatement.

4
PERSONNES

Moyen
COÛT

Facile
À RÉALISER

10 min
PRÉPARATION

20 min
CUISSON

Papillotes de cabillaud
à la thaïe

Ustensiles

papier sulfurisé

1 plaque

piques en bois ou agrafes

Ingrédients

4 dos de cabillaud

1 sachet de julienne de légumes surgelée

10 cl de vin blanc

1 cuil. à soupe de citronnelle surgelée

½ cuil. à café de gingembre râpé

sauce soja

1. Coupez 4 grandes feuilles de papier sulfurisé. Préchauffez le four à 200 °C (th. 7).

2. Répartissez la julienne de légumes au centre de chaque papillote. Posez 1 pavé de poisson par-dessus.

3. Assaisonnez de citronnelle et de gingembre. Arrosez de vin blanc et d'un trait de sauce soja.

4. Repliez la feuille et fermez-la hermétiquement avec des piques en bois ou des agrafes. Enfournez pour 20 minutes.

VARIANTE Cette recette peut être réalisée avec toutes sortes de filets de poisson : saumon, colin et même de la lotte. Pour un bel effet visuel, utilisez des feuilles de bananier, qu'on trouve en épicerie asiatique en guise de papillotes. Remplacez le vin blanc par du lait de coco et ajoutez du piment rouge.

ASTUCE Pour bien fermer la papillote, posez les ingrédients au centre, repliez le papier vers le haut, pliez les bords et agrafez.

4
PERSONNES

Moyen
COÛT

Facile
À RÉALISER

10 min
PRÉPARATION

10 min
CUISSON

Nuggets de poulet « Label rouge »

Ustensiles

2 récipients creux
papier absorbant

Ingrédients

2 gros blancs de poulet « Label rouge » coupés en aiguillettes
30 g de corn-flakes finement écrasés - 15 g de chapelure
30 g de farine
1 c. à c. rase de sel fin
1 pincée de poivre fraîchement moulu
1 gros œuf
30 cl d'huile de tournesol

1. Mélangez les corn-flakes écrasés, la chapelure, la farine, le sel et le poivre dans un récipient creux.

2. Battez l'œuf dans un autre récipient.

3. Trempez les morceaux de poulet successivement dans l'œuf puis dans la chapelure. Faites-les dorer pendant 8 à 10 minutes dans l'huile chaude en les retournant à mi-cuisson.

4. Égouttez sur du papier absorbant.

Sauce barbecue

25 cl
1 POT

Bon marché
COÛT

Très facile
À RÉALISER

10 min
PRÉPARATION

20 min
CUISSON

Ustensiles

1 robot mixeur

Ingrédients

1 petit oignon haché
½ gousse d'ail émincée
1 c. à s. d'huile de tournesol
25 cl de coulis de tomates
4 c. à s. de vinaigre de cidre - 3 c. à s. de sauce Worcestershire
2 clous de girofle réduit en poudre
3 c. à s. de miel liquide
1 c. à s. de moutarde de Dijon
1 pincée de piment de Cayenne
sel - poivre du moulin

1. Dans une casserole, faites revenir l'oignon et l'ail dans l'huile pendant 3 à 4 minutes, jusqu'à ce qu'ils soient translucides.

2. Ajoutez le reste des ingrédients, portez à ébullition, puis laissez mijoter à feu doux pendant 15 minutes environ, en remuant de temps en temps.

3. Mixez pour obtenir une préparation lisse.

4. Transvasez dans un bocal, laissez refroidir, puis conservez au réfrigérateur.

BBQ

4
PERSONNES

Moyen
COÛT

Facile
À RÉALISER

10 min
PRÉPARATION

6 min
CUISSON

Royal cheeseburger
bœuf et cheddar fermier

Ustensiles

1 plaque à pâtisserie

1 poêle avec couvercle

Ingrédients

4 steaks hachés du boucher de 150 g chacun

4 pains à hamburgers

8 tranches de cheddar fermier

4 cuil. à soupe de ketchup

2 petits cœurs de laitue

1 oignon blanc

2 tomates

2 cuil. à soupe d'huile de tournesol

sel - poivre du moulin

1. Préchauffez le four à 180 °C (th. 6). Coupez les pains en 2 dans l'épaisseur et disposez-les sur la plaque du four. Déposez 1 tranche de cheddar sur la partie basse du pain et étalez 1 cuillerée à soupe de ketchup sur la partie haute.

2. Émincez les cœurs de laitue et l'oignon, coupez les tomates en rondelles. Faites chauffer l'huile dans une poêle, déposez-y les steaks hachés. Enfournez les pains préalablement préparés.

3. Retournez les steaks au bout de 3 minutes, salez, poivrez, puis couvrez-les d'1 tranche de cheddar. Au bout d'1 minute posez un couvercle sur la poêle puis, lorsque le fromage commence à fondre, débarrassez les steaks sur une assiette.

4. Sortez les pains du four, ajoutez un peu de laitue émincée, quelques rondelles d'oignon et de tomate sur la partie basse du pain, salez, poivrez. Déposez délicatement les steaks, fromage vers le haut. Refermez les burgers avec le pain restant.

VARIANTE Faites caraméliser les oignons dans une poêle avec un peu d'huile et de beurre et ajoutez quelques tranches de bacon grillées dans la poêle.

ASTUCE Enfournez les pains au début de la cuisson des steaks pour que tous vos ingrédients soient à la même température sans que le pain ne se dessèche.

4
PERSONNES

Bon marché
COÛT

Facile
À RÉALISER

10 min
PRÉPARATION

13 min
CUISSON

Riz cantonais

Ustensiles

1 casserole - 1 poêle
1 planche - 1 couteau
1 passoire - 1 bol
1 fourchette - 1 saladier

Ingrédients

200 g de riz
2 œufs
2 tranches de jambon (ou dés de jambon)
200 g de petits pois surgelés
1 c. à s. d'huile
sauce soja
sel - poivre

1. Cassez les œufs dans un bol et fouettez-les avec une fourchette. Salez et poivrez. Faites chauffer l'huile dans une petite poêle. Versez les œufs. Faites cuire pendant 3 minutes. Roulez l'omelette, coupez-la en lanières et réservez.

2. Faites cuire le riz avec les petits pois 10 minutes dans de l'eau bouillante salée. Égouttez. Roulez les tranches de jambon et taillez-les en lanières.

3. Dans un saladier, mélangez le riz avec les petits pois, le jambon et les morceaux d'omelette. Servez accompagné de sauce soja.

Dhal de lentilles corail au lait de coco

4
PERSONNES

Bon marché
COÛT

Facile
À RÉALISER

10 min
PRÉPARATION

25 min
CUISSON

Ustensiles

1 couteau - 1 planche
1 casserole - 1 cuillère en bois

Ingrédients

100 g de lentilles corail
20 cl de lait de coco
1 oignon - 1 gousse d'ail
1 c. à s. de citronnelle congelée
1 c. à c. de gingembre râpé
1 petite boîte de tomates pelées (425 g)
1 c. à s. d'huile
4 c. à s. de coriandre ciselée
sel - poivre

1. Épluchez et hachez l'oignon et l'ail. Faites-les revenir 3 minutes dans une casserole avec l'huile. Quand ils sont translucides, ajoutez les tomates avec leur jus. Écrasez-les grossièrement avec une cuillère en bois.

2. Mettez alors les lentilles, la citronnelle, le gingembre, puis versez 1 l d'eau.

3. Laissez mijoter pendant 20 minutes. Surveillez la cuisson des lentilles, la variété corail cuit très vite. 3 minutes avant la fin de cuisson, ajoutez le lait de coco et la coriandre, salez et poivrez. Servez bien chaud.

4
PERSONNES

Moyen
COÛT

Facile
À RÉALISER

20 min
PRÉPARATION

8 min
CUISSON

Croquettes végétariennes à l'épeautre

Ustensiles

1 moulin à café électrique
1 poêle
1 saladier
1 économe
1 râpe
1 fouet à main

Ingrédients

250 g de champignons de Paris
150 g d'épeautre en grains
150 g de grains de blé tendre
3 ou 4 carottes moyennes
3 œufs - 20 cl de lait
2 ou 3 échalotes
1 petit bouquet d'herbes fraîches mélangées (persil plat, cerfeuil, coriandre...)
3 ou 4 pincées de noix muscade moulue
2 pincées de coriandre moulue
5 c. à s. d'huile d'olive
sel et poivre du moulin

Pour la sauce

2 yaourts bio nature
3 ou 4 gousses d'ail pelées et écrasées
2 c. à s. de feuilles de menthe fraîche ciselées
1 c. à s. de graines de carvi
sel et poivre du moulin

1. Lavez et épluchez les carottes. Râpez-les finement. Mettez les grains de blé et d'épeautre dans un moulin à café électrique et réduisez-les en poudre fine. Lavez et essuyez les champignons, émincez-les finement.

2. Épluchez et émincez finement les échalotes. Dans un saladier, versez la poudre de céréales, ajoutez les carottes, les champignons, les échalotes, et mélangez le tout. Cassez les œufs par-dessus, et battez à la fourchette.

3. Diluez la préparation obtenue avec le lait. Vous devez obtenir une pâte suffisamment épaisse pour former des boulettes. Lavez et essuyez les herbes fraîches. Hachez-les grossièrement avec un grand couteau et ajoutez-les à la préparation. Incorporez les épices et rectifiez l'assaisonnement si besoin.

4. Façonnez des boulettes entre les paumes de vos mains, à raison de 2 par personne. Mettez l'huile d'olive dans la poêle sur feu moyen et faites-les frire 4 minutes de chaque côté. Égouttez et réservez-les au chaud. Mélangez tous les ingrédients de la sauce dans un bol, en terminant par la menthe et fouettez la préparation. Servez en accompagnement.

VARIANTE Remplacez la menthe fraîche par de l'aneth lavé, essuyé et effeuillé dans la sauce au yaourt, et le lait par du lait de soja dans la préparation pour les croquettes.

ASTUCE Soyez vigilant sur la qualité de l'épeautre et du blé : de là dépend le succès de la recette.

4
PERSONNES

Bon marché
COÛT

Facile
À RÉALISER

10 min
PRÉPARATION

20 min
CUISSON

Calamars à la tomate et au basilic

Ustensiles

1 sauteuse

1 couteau d'office

Ingrédients

1 sachet d'anneaux de calamars surgelés

1 sachet de tomates surgelées à l'italienne (sauce huile d'olive et basilic)

15 cl de vin blanc

2 cuil. à soupe d'huile d'olive

1 cuil. à café de paprika

1 pincée de piment en poudre

3 cuil. à soupe de basilic

sel - poivre

1. Faites décongeler les anneaux de calamars et les tomates en suivant les indications portées sur l'emballage.

2. Faites chauffer l'huile dans une sauteuse, versez les tomates et laissez cuire pendant 3 minutes avant d'ajouter les calamars et les épices. Salez et poivrez.

3. Arrosez de vin blanc et laissez cuire pendant 20 minutes à feu moyen.

4. Cinq minutes avant la fin de la cuisson, ajoutez le basilic. Servez accompagné de riz blanc.

VARIANTE Ajoutez 1 poivron rouge, mixé avec 1 oignon rouge et 1 gousse d'ail dans la sauteuse avec les tomates.

ASTUCE Ne faites pas trop cuire les calamars, cela les rendrait caoutchouteux.

4
PERSONNES

Moyen
COÛT

Facile
À RÉALISER

25 min
PRÉPARATION

1 h
CUISSON

Lasagnes sauce bolognaise maison et parmigiano reggiano

Ustensiles

1 robot mixeur
1 plat à gratin

Ingrédients

300 g de viande de bœuf hachée
1 oignon émincé
1 gousse d'ail hachée
3 cuil. à soupe d'huile d'olive
1 verre de vin rouge
1 boîte de tomates pelées
1 cube de bouillon de volaille
1 branche de thym
1 feuille de laurier
3 cuil. à soupe de persil haché
60 g de beurre
60 g de farine - 70 cl de lait
1 bonne pincée de noix de muscade râpée
10 feuilles de lasagnes
70 g de parmigiano reggiano
sel - poivre du moulin

1. Faites revenir l'oignon et l'ail dans l'huile d'olive. Ajoutez la viande hachée, laissez cuire quelques minutes en remuant. Versez le vin rouge, laissez-le évaporer quelques secondes. Intégrez les tomates, le cube de bouillon de volaille émietté, le thym et le laurier, poivrez. Couvrez et laissez cuire 10 minutes, puis retirez le couvercle pour que la sauce réduise pendant une vingtaine de minutes. Retirez le thym et le laurier, mixez l'ensemble. Incorporez le persil haché.

2. Faites fondre le beurre dans une petite casserole, ajoutez la farine en pluie tout en mélangeant. Laissez cuire à feu très doux 5 minutes, en remuant constamment. Incorporez le lait par petite quantité, salez, poivrez, assaisonnez de noix muscade. Faites épaissir la sauce 12 à 15 minutes, sur feu doux, toujours en remuant. Transvasez dans un saladier et déposez un film alimentaire sur le dessus de la sauce pour éviter la formation d'une « peau ».

3. Préchauffez le four à 210 °C (th. 7). Réservez 2 cuillerées à soupe de parmesan râpé. Étalez une fine couche de sauce Béchamel dans le fond d'un plat à gratin. Recouvrez de feuilles de lasagnes puis d'une fine couche de sauce bolognaise, parsemez de parmesan râpé. Continuez le feuilletage jusqu'à épuisement des ingrédients en terminant par une couche de lasagnes.

4. Recouvrez le tout de sauce Béchamel, parsemez de parmesan réservé. Enfournez pour 25 à 30 minutes jusqu'à ce que le dessus du gratin soit doré.

VARIANTE Remplacez une partie de la viande de bœuf par de la viande d'agneau ou de la chair à saucisse.

ASTUCE Dans certaines parties de l'Italie, on prépare les lasagnes « al ragù », avec de la viande braisée que l'on cuit longuement dans du vin ou du bouillon.

4
PERSONNES

Bon marché
COÛT

Délicat
À RÉALISER

30 min
PRÉPARATION

40 min
CUISSON

Pommes dauphine

Ustensiles
1 poêle
2 casseroles
1 économe
1 presse-purée
1 écumoire

Ingrédients
800 g de pommes de terre
200 g de farine
100 g de beurre
4 œufs
20 cl de lait
huile pour friture
1 pincée de gros sel
sel et poivre du moulin

1. Épluchez les pommes de terre et faites-les cuire pendant 20 minutes environ à l'eau bouillante salée dans une grande casserole. Écrasez-les en purée épaisse avec le lait, salez et poivrez.

2. Versez 20 cl d'eau dans une casserole et ajoutez le beurre ainsi qu'1 petite cuillerée à café de sel fin. Faites chauffer. Quand le beurre est fondu et le liquide en ébullition, retirez la casserole du feu. Versez, d'un seul coup, 150 g de farine.

3. Mélangez avec une cuillère en bois. Remettez sur feu très doux en mélangeant sans arrêt, jusqu'à ce que la pâte forme une boule et se détache de la casserole. Retirez du feu et laissez tiédir 2 minutes. Ajoutez les œufs entiers un à un en mélangeant bien après chaque œuf.

4. Mettez le reste de farine dans une assiette. Pesez la pâte, et mesurez le double de son poids en purée. Mélangez les deux. Façonnez des boulettes de la taille d'une noix avec cette pâte et roulez-les dans la farine. Faites chauffer l'huile dans la poêle et plongez-y les pommes dauphine. Retirez-les quand elles sont bien dorées et égouttez-les sur du papier absorbant. Servez avec une viande ou un poisson.

VARIANTE Vous pouvez ajouter 70 g de gruyère râpé à la pâte, aussitôt après les œufs.

ASTUCE La pâte mélangée à la purée de pommes de terre est une pâte à choux de base. Si vous souhaitez en garder une partie pour réaliser des pâtisseries, réduisez la quantité de sel et salez davantage la purée.

Poulet au Coca-Cola®

4
PERSONNES

Bon marché
COÛT

Facile
À RÉALISER

10 min
PRÉPARATION

25 min
CUISSON

Ustensiles

1 planche - 1 couteau
1 sauteuse

Ingrédients

4 blancs de poulet
2 oignons
1 canette de Coca-Cola® zero
1 c. à s. d'huile
1 pincée de gingembre
sel - poivre

1. Coupez les blancs de poulet en lanières. Pelez et émincez les oignons. Faites chauffer l'huile dans une sauteuse. Mettez-y à dorer les oignons et le poulet.

2. Assaisonnez de sel, de poivre et de gingembre.

3. Arrosez de Coca-Cola®. Laissez cuire pendant 20 minutes à couvert. Servez accompagné de riz blanc.

Mignons de porc à l'orange

4
PERSONNES

Bon marché
COÛT

Facile
À RÉALISER

10 min
PRÉPARATION

30 min
MARINADE

15 min
CUISSON

Ustensiles

1 planche - 1 couteau
1 plat creux - 1 sauteuse

Ingrédients

2 filets mignons de porc (350 g chacun)
20 cl de jus d'orange
1 oignon - 2 gousses d'ail
1 c. à c. de gingembre
1 c. à c. de sauce soja
1 c. à c. de quatre-épices
2 c. à s. de coriandre ciselée
1 c. à s. d'huile

1. Coupez les filets mignons de porc en médaillons. Pelez et émincez ail et oignon.

2. Mettez la viande à mariner dans un plat creux avec jus d'orange, oignon, ail, gingembre, sauce soja et épices pendant 30 minutes à couvert au réfrigérateur.

3. Faites chauffer l'huile dans une sauteuse. Faites-y cuire la viande avec la marinade pendant 15 minutes. Rectifiez l'assaisonnement.

4. Au moment de servir, parsemez de coriandre. Accompagnez d'une poêlée de légumes au wok.

4 PERSONNES

Moyen COÛT

Facile À RÉALISER

50 min PRÉPARATION

1 h 15 CUISSON

Raviolis comme en boîte

Ustensiles

1 mixeur

1 fouet

1 rouleau à pâtisserie

1 emporte-pièce ou 1 roulette à pizza ou 1 couteau

Ingrédients

200 g de viande de bœuf hachée

100 g de chair à saucisse

1 verre de vin

1 ½ oignon

½ carotte

1 petit morceau de céleri-branche

3 cuil. à soupe d'huile d'olive

rouge

½ cube de bouillon de bœuf bio dissous dans 15 cl d'eau

60 g de parmesan râpé

5 œufs

400 g de farine + 20 g pour fariner les raviolis

1 gousse d'ail

30 cl de coulis de tomates

1 branche de thym

1 feuille de laurier

50 g de parmesan râpé

1 cuil. à soupe de persil haché - gros sel

1. Émincez l'oignon, taillez la carotte et le céleri en dés. Faites-les revenir dans 2 cuillerées à soupe d'huile environ 5 minutes. Ajoutez les viandes, émiettez-les à la fourchette, versez le vin, le bouillon. Laissez cuire 30 minutes en remuant régulièrement. Hachez grossièrement l'ensemble au mixeur, puis ajoutez le parmesan et 1 œuf battu. Laissez refroidir.

2. Battez les œufs restants. Versez la farine dans un saladier, formez un puits et versez-y les œufs battus et 1 cuillerée à soupe d'eau. Mélangez puis pétrissez à la main jusqu'à ce que la pâte soit lisse. Formez une boule, filmez-la, laissez reposer 30 minutes à température ambiante.

3. Divisez la pâte en 4 parts égales, ajoutez un peu de farine si elle colle. Étalez les pâtons en rectangles très fins sur 4 grandes feuilles de papier cuisson. Enveloppez-les immédiatement dans le papier afin qu'ils ne se dessèchent pas. Disposez des tas de farce sur une première bande de pâte en laissant un espace de 2 cm tout autour, recouvrez d'un autre rectangle, soudez en appuyant avec les doigts autour de la farce et en chassant le plus d'air possible. Découpez les raviolis à la roulette, farinez-les.

4. Préparez la sauce tomate, épluchez et hachez l'ail et le reste d'oignon, faites-les revenir dans l'huile restante, ajoutez le coulis de tomates, le thym et le laurier. Portez à ébullition, puis laissez réduire doucement 20 minutes jusqu'à ce que la sauce soit onctueuse. Mixez. Faites bouillir un grand volume d'eau avec 1 pincée de gros sel puis plongez-y les raviolis 12 à 15 minutes. Égouttez-les, réchauffez-les quelques minutes dans la sauce. Servez-les arrosés d'un filet d'huile d'olive, parsemés de parmesan et de persil.

VARIANTE Variez les garnitures : ricotta, herbes fraîches, épinards, crevettes…

ASTUCE Utilisez une machine à pâte pour obtenir rapidement une pâte fine et des raviolis plus légers.

4
PERSONNES

Moyen
COÛT

Facile
À RÉALISER

30 min
PRÉPARATION

50 min
CUISSON

Brandade de lieu jaune et patate douce à l'orange

Ustensiles

4 mini-moules à gratin
1 grande et 1 petite casseroles
1 moulin à légumes
1 poêle

Ingrédients

400 g de filet de lieu jaune
5 cl d'huile d'olive
300 g de patates douces
300 g de pommes de terre
7 cl de crème liquide
100 g de beurre
1 orange non traitée
2 cuil. à soupe de crème fraîche
1 trait de Grand Marnier®
poivre du moulin
cardamome moulue
50 g de chapelure fine
sel fin - gros sel

1. Prélevez le zeste et le jus d'1 orange. Versez le tout dans une petite casserole. Ajoutez du Grand Marnier®. Faites réduire de moitié. Ajoutez la crème fraîche épaisse et 20 g de beurre. Arrêtez la cuisson dès la première ébullition. Salez pour corriger l'acidité.

2. Épluchez les patates douces et les pommes de terre. Détaillez-les en quartiers et faites-les cuire pendant 30 minutes dans une grande casserole d'eau salée, froide au départ. Égouttez-les, passez-les au moulin à légumes. Ajoutez la crème liquide et 50 g de beurre en parcelles. Assaisonnez de sel et de cardamome.

3. Faites chauffer de l'huile d'olive dans une poêle. Déposez les filets de lieu jaune dans la graisse chaude. Salez, poivrez et faites cuire quelques minutes. Effeuillez très légèrement, à la fourchette, les filets de poisson encore chauds, puis recouvrez de sauce à l'orange.

4. Complétez les mini-plats à gratin, préalablement beurrés, en alternant 2 couches de poisson et 2 couches de purée. Lissez la dernière couche de purée avec une spatule. Saupoudrez de chapelure. Ajoutez quelques parcelles de beurre. Laissez cuire et gratiner dans le four chaud (th. 7) pendant 15 à 20 minutes.

VARIANTE Pour encore plus d'originalité, dressez cette brandade dans des bocaux en verre de taille basse.

ASTUCE Ne faites pas trop cuire le lieu jaune pour le garder bien moelleux.

Pizza quatre fromages

4
PERSONNES

Moyen
COÛT

Très facile
À RÉALISER

15 min
PRÉPARATION

15 min
CUISSON

1 h
REPOS

Ustensiles

1 rouleau à pâtisserie

1 plaque à pizza

Ingrédients

5 g de levure fraîche de boulanger - 1 pincée de sucre

160 g de farine

1 pincée de sel

boule de mozzarella di bufala - 120 g de bûche de chèvre - 80 g de gorgonzola

3 cuil. à soupe de coulis de tomates - 50 g d'emmenthal râpé - 1 pincée de thym séché - 1 filet d'huile d'olive

1. Préchauffez le four à 210 °C (th. 7). Délayez la levure dans 3 cl d'eau tiède avec 1 pincée de sucre. Versez la farine en fontaine sur un plan de travail, ajoutez le sel, la levure et 5 cl d'eau. Pétrissez jusqu'à ce que la pâte soit souple et non collante. Laissez reposer 1 heure sous un torchon. Rompez la pâte, puis étalez-la finement.

2. Coupez la mozzarella et le fromage de chèvre en rondelles, le gorgonzola en petits cubes. Étalez le coulis de tomates sur la pâte, puis garnissez-la des fromages. Parsemez d'emmenthal râpé et de thym séché, versez un filet d'huile d'olive. Enfournez pour 15 minutes.

Pizza croustillante au bacon grillé

4
PERSONNES

Moyen
COÛT

Très facile
À RÉALISER

20 min
PRÉPARATION

30 min
CUISSON

1 h
REPOS

Ustensiles

1 rouleau à pâtisserie

1 plaque à pizza

Ingrédients

5 g de levure fraîche de boulanger

1 pincée de sucre - 160 g de farine - 1 pincée de sel

5 champignons - 15 g de beurre - 5 tranches de bacon

1 c. à s. d'huile de tournesol - 1 boule de mozzarella di bufala

3 c. à s. de coulis de tomates - 50 g d'emmenthal râpé - 1 filet d'huile d'olive

1. Préchauffez le four à 210 °C (th. 7). Préparez la pâte à pizza comme dans la recette précédente.

2. Lavez, séchez et émincez les champignons, faites-les suer 10 minutes à feu moyen dans le beurre. Faites griller le bacon dans un peu d'huile, puis égouttez-le sur du papier absorbant. Coupez la mozzarella en fines rondelles.

3. Étalez finement la pâte à pizza, tartinez-la de coulis de tomates, puis garnissez-la de mozzarella, de champignons et de bacon grillé. Parsemez d'emmenthal râpé, versez un filet d'huile d'olive. Enfournez pour 15 minutes.

6
PERSONNES

Moyen
COÛT

Facile
À RÉALISER

20 min
PRÉPARATION

35 min
CUISSON

Le super chili de Vincent

Ustensiles

1 cocotte ou 1 sauteuse
1 planche
1 couteau d'office
1 spatule

Ingrédients

500 g de bœuf haché
2 grosses boîtes de tomates pelées
2 grosses boîtes de haricots rouges
2 oignons
1 gousse d'ail
1 sachet d'épices spécial chili
2 cuil. à soupe d'huile de tournesol

Pour l'accompagnement

chips au maïs
guacamole
sauce salsa

1. Pelez et émincez ail et oignons. Faites chauffer l'huile dans une cocotte. Mettez-y à dorer les oignons et l'ail sans les laisser colorer. Ajoutez la viande. Remuez. Faites cuire quelques minutes, jusqu'à ce qu'elle soit dorée.

2. Ajoutez alors les tomates et le sachet d'épices. Remuez et écrasez les tomates avec une cuillère en bois. Laissez cuire pendant 20 minutes.

3. Égouttez et rincez les haricots rouges. Versez-les dans la cocotte. Mélangez, laissez cuire pendant 10 minutes.

4. Servez le chili accompagné de chips au maïs, de guacamole et de sauce salsa.

VARIANTE Réalisez votre propre mélange d'épices avec du cumin, du paprika, du piment de Cayenne.

ASTUCE Écrasez les tomates pelées avec une cuillère en bois ou utilisez des tomates concassées.

4
PERSONNES

Bon marché
COÛT

Facile
À RÉALISER

20 min
PRÉPARATION

45 min
CUISSON

Frites au four, mayo légère au fromage blanc

Ustensiles

1 plaque à pâtisserie
1 fouet électrique

Ingrédients

800 g de pommes de terre Charlotte
1 cuil. à café + 1 pincée de sel fin
2 cuil. à soupe d'huile de tournesol

Pour la mayo au fromage blanc

1 œuf
2 cuil. à café de moutarde forte
1 filet de jus de citron
100 g de fromage blanc
1 cuil. à soupe de persil haché
sel - poivre du moulin

1. Préchauffez le four à 210 °C (th. 7). Lavez les pommes de terre. Mettez-les à cuire dans de l'eau froide additionnée d'une bonne pincée de sel. Comptez 10 minutes de cuisson à partir de l'ébullition. Les pommes de terre doivent être encore un peu fermes. Égouttez-les et essuyez-les soigneusement dans un torchon.

2. Retirez la peau, puis coupez les pommes de terre en bâtonnets. Placez-les dans un saladier, ajoutez l'huile et le sel, mélangez bien pour que toutes les frites soient imprégnées.

3. Chemisez la plaque du four de papier cuisson, étalez les frites sur la plaque. Enfournez pour 15 minutes, puis passez en mode gril pendant 5 minutes. Les frites doivent être dorées.

4. Préparez la mayonnaise : plongez l'œuf dans une casserole d'eau froide, faites-le cuire 10 minutes à partir de l'ébullition. Écalez l'œuf, extrayez le jaune et écrasez-le à la fourchette. Ajoutez la moutarde, le jus de citron et salez. Mélangez bien au fouet électrique, puis incorporez le fromage blanc petit à petit en fouettant énergiquement. Assaisonnez de poivre et parsemez de persil haché.

VARIANTE Transformez la mayonnaise en sauce béarnaise en y ajoutant une petite échalote et quelques feuilles d'estragon hachées.

ASTUCE Lorsque vous faites cuire vos pommes de terre à l'eau, évitez de les éplucher. Vous obtiendrez des frites plus croustillantes.

4
PERSONNES

Moyen
COÛT

Facile
À RÉALISER

25 min
PRÉPARATION

2 h 30
CUISSON

Hachis Parmentier de joues de bœuf, purée de bintjes

Ustensiles

1 cocotte
1 robot mixeur
1 presse-purée
1 plat à gratin

Ingrédients

700 g de joues de bœuf
700 g de pommes de terre bintjes (ou à chair farineuse)
2 oignons
1 verre de vin rouge
1 cube de bouillon de bœuf bio
4 échalotes
90 g de beurre
10 cl de lait
1 cuil. à soupe de crème fraîche épaisse
2 cuil. à soupe de chapelure
2 cuil. à soupe de persil haché
3 cuil. à soupe d'huile d'olive
sel - poivre du moulin

1. Détaillez les joues de bœuf en cubes de 2 cm. Épluchez et émincez 1 oignon. Faites chauffer l'huile dans une cocotte et faites-y saisir la viande de tous côtés. Remplacez la viande par l'oignon émincé, faites-le revenir pendant 5 minutes. Remettez la viande dans la cocotte et versez le vin rouge. Laissez-le s'évaporer, puis couvrez d'eau et ajoutez le cube de bouillon de bœuf émietté. Laissez mijoter à petits bouillons pendant 1 heure 30.

2. Épluchez, lavez et séchez les pommes de terre, faites-les cuire 25 minutes en démarrant la cuisson à l'eau froide, jusqu'à ce qu'elles soient tendres.

3. Hachez la viande au robot, par impulsions. Prélevez 30 cl de bouillon de cuisson de la viande. Épluchez l'oignon restant ainsi que les échalotes et émincez le tout. Faites-les revenir dans 15 g de beurre jusqu'à ce qu'ils soient fondants. Versez le bouillon puis la viande hachée, salez et poivrez. Faites mijoter pendant 15 minutes. Préchauffez le four à 210 °C (th. 7).

4. Écrasez les pommes de terre en purée, ajoutez le lait chaud, 60 g de beurre et la crème fraîche. Salez et poivrez. Beurrez l'intérieur d'un plat à gratin, étalez-y la viande, parsemez de persil haché puis ajoutez la purée. Saupoudrez de chapelure et parsemez de noisettes de beurre restant. Enfournez pour 15 à 20 minutes jusqu'à ce que le dessus du hachis soit doré.

VARIANTE Vous pouvez utiliser toutes les viandes à braiser pour réaliser ce plat, y compris des restes de viande déjà cuite.

ASTUCE Pour une purée plus savoureuse, desséchez 3 à 4 minutes les pommes de terre écrasées, dans une casserole, sur feu doux, avant d'y incorporer les autres ingrédients.

4
PERSONNES

Élevé
COÛT

Facile
À RÉALISER

15 min
PRÉPARATION

1 h
CUISSON

Sauté de veau aux olives

Ustensiles

1 cocotte

1 planche à découper

Ingrédients

600 g de veau en morceaux

2 cuil. à soupe d'ail en morceaux

3 cuil. à soupe d'huile d'olive

1 grosse boîte de tomates pelées (780 g)

200 g d'olives vertes ou noires

2 cuil. à soupe de Noilly Prat

2 branches de thym

3 brins de persil

sel - poivre du moulin

1. Demandez à votre boucher de découper le veau en morceaux. Sinon commencez par cette étape. Faites chauffer l'huile d'olive dans la cocotte puis revenir les morceaux de veau sur toutes les faces. La viande doit être dorée. Ajoutez ensuite l'ail et le Noilly Prat. Salez, poivrez et laissez cuire pendant 15 minutes environ.

2. Ajoutez les tomates pelées et les olives, le thym, le persil et prolongez la cuisson pendant ¾ d'heure sur feu doux. Vérifiez en cours de cuisson qu'il reste du jus et des tomates, sinon n'hésitez pas à rajouter une petite boîte de tomates pelées pour faire du jus et que la viande n'attache pas.

3. Servez ce sauté bien chaud accompagné de pâtes fraîches, tagliatelles par exemple, avec les tomates et les olives déposées sur le dessus. Préparé la veille, c'est encore meilleur.

Lapin à la moutarde

4
PERSONNES

Moyen
COÛT

Facile
À RÉALISER

20 min
PRÉPARATION

45 min
CUISSON

Ustensiles

1 plat à gratin

1 bol

1 petite casserole

aluminium

Ingrédients

1 lapin en morceaux

20 cl de crème fraîche épaisse

2 cuil. à soupe de moutarde à l'ancienne

20 cl de vin blanc

2 brins d'estragon

sel - poivre du moulin

1. Préchauffez le four à 240 °C (th. 8). Posez les morceaux de lapin dans un plat à gratin sans les faire se chevaucher. Réservez 1 cuillère à soupe de crème, mettez le reste dans un bol avec la moutarde, salez et mélangez. Nappez les morceaux de lapin de cette préparation. Enfournez pour 40 minutes environ, jusqu'à l'obtention d'une jolie chair dorée. Réservez les morceaux de lapin dans un plat de service enveloppé d'une feuille d'aluminium.

2. Versez le vin blanc dans le plat de cuisson. Mélangez bien avant de reverser le liquide dans une petite casserole. Laissez cuire à petits bouillons pendant 2 minutes sur feu vif. Ajoutez la crème restante, l'estragon ciselé, poivrez. Remuez pendant 3 minutes. Nappez les morceaux de lapin. Servez aussitôt, avec une bonne purée ou des frites maison.

4
PERSONNES

Bon marché
COÛT

Facile
À RÉALISER

40 min
PRÉPARATION

1 h 50
CUISSON

Petits farcis

Ustensiles

1 hachoir
1 jatte
1 casserole
1 plat à gratin

Ingrédients

4 tomates
4 oignons rouges
4 courgettes rondes
4 petites aubergines rondes
400 g de poitrine de veau désossée
120 g de poitrine fumée
4 cuil. à soupe de riz cuit
2 gousses d'ail
100 g de parmesan râpé
2 œufs
15 cl d'huile d'olive
3 brins de thym frais
2 brins de romarin
1 bouquet de persil plat
1 bouquet de basilic
1 tablette de bouillon de bœuf
sel - poivre du moulin

1. Pelez les oignons et faites-les blanchir 10 minutes à l'eau bouillante. Égouttez-les. Lavez et essuyez les tomates, les courgettes et les aubergines. Coupez le haut de chaque légume et réservez les chapeaux. Creusez délicatement tous les légumes, sans percer la peau. Réservez leur chair.

2. Préchauffez le four à 180° C (th. 6). Hachez ensemble la poitrine de veau et la poitrine fumée. Pelez et hachez l'ail, ainsi que 2 cuillères à soupe de pulpe d'oignon et toute la chair des autres légumes. Faites revenir ce mélange dans de l'huile d'olive 3 minutes sur feu vif avec l'ail. Remuez, ajoutez les viandes hachées et faites rissoler pendant 5 minutes. Salez, poivrez.

3. Versez ce hachis dans une jatte, laissez tiédir puis ajoutez le riz, les œufs, le parmesan, le persil et le basilic ciselés, le thym et le romarin effeuillés. Mélangez.

4. Garnissez les légumes de farce et posez-les dans un plat à gratin huilé. Arrosez d'un filet d'huile d'olive, remettez les chapeaux. Diluez la tablette de bouillon dans 40 cl d'eau chaude, versez-en la moitié dans le plat et enfournez pour 1 heure puis mouillez régulièrement avec le restant de bouillon. Baissez ensuite le thermostat à 5 (150 °C) et poursuivez la cuisson 30 minutes environ.

VARIANTE Les farcis s'adaptent aux saisons alors essayez les champignons, les courgettes longues…

ASTUCE Pour donner une inspiration marine à vos farcis, n'hésitez pas à remplacer la viande par du poisson ou, encore plus simple, par du thon au naturel en boîte mélangé à des petits dés de légumes.

4
PIÈCES

Bon marché
COÛT

Très facile
À RÉALISER

15 min
PRÉPARATION

30 min
CUISSON

Gratin dauphinois à la crème fleurette

ustensiles

1 plat à gratin

1 écumoire

Ingrédients

800 g de pommes de terre Charlotte

50 cl de crème fleurette

20 cl de lait

1 noix de beurre

1 bonne pincée de noix muscade fraîchement râpée

50 g de gruyère râpé

sel - poivre du moulin

1. Épluchez, lavez, séchez les pommes de terre, détaillez-les en fines rondelles.

2. Versez la crème et le lait dans une casserole, assaisonnez de noix muscade, salez et poivrez. Faites cuire les pommes de terre environ 15 minutes dans ce mélange, jusqu'à ce qu'elles soient tendres.

3. Préchauffez le four à 180 °C (th. 6). Beurrez un plat à gratin. Prélevez un peu de crème dans la casserole et versez-la au fond du plat. Montez le gratin en alternant les couches de pommes de terre et les couches de crème. Parsemez de gruyère râpé.

4. Enfournez pour 15 minutes jusqu'à ce que le gratin soit joliment doré.

VARIANTE Remplacez le gruyère par du Roquefort. Émiettez-le entre les couches de crème et de pommes de terre avant de le passer au four.

ASTUCE Utilisez une mandoline pour émincer régulièrement et rapidement les pommes de terre.

4
PERSONNES

Moyen
COÛT

Très facile
À RÉALISER

10 min
PRÉPARATION

35 min
CUISSON

Saucisses de Morteau et lentilles vertes du Puy

Ustensiles

1 sauteuse
1 fouet

Ingrédients

2 saucisses de Morteau
350 g de lentilles vertes du Puy
½ carotte
1 petit oignon
2 cuil. à soupe d'huile d'olive
1 bouquet garni
2 cuil. à café de moutarde
sel - poivre du moulin

1. Épluchez la carotte et l'oignon. Coupez la carotte en petits dés. Émincez finement l'oignon. Faites chauffer l'huile dans une sauteuse et faites-y suer les légumes pendant 5 minutes. Versez 75 cl d'eau froide, ajoutez les lentilles et le bouquet garni, remuez. Portez doucement à ébullition, puis baissez la flamme.

2. Intégrez les saucisses de Morteau, couvrez et laissez mijoter pendant 25 minutes à petits bouillons, jusqu'à ce que les lentilles soient fondantes.

3. Dressez les lentilles et les saucisses dans un plat et maintenez-le au chaud le temps de préparer la sauce.

4. Faites réduire le jus de cuisson à feu vif. Incorporez la moutarde en fouettant. Nappez le plat de sauce, salez légèrement et poivrez.

VARIANTE Remplacez les saucisses de Morteau par des saucisses de Toulouse, de Montbéliard ou des chipolatas, faites-les cuire préalablement à la poêle, puis incorporez-les aux lentilles 15 minutes avant la fin de la cuisson.

ASTUCE Pour réduire le temps de cuisson et obtenir des lentilles tendres et digestes, ajoutez une pincée de bicarbonate de soude à leur eau de cuisson.

4 PERSONNES

Moyen COÛT

Facile À RÉALISER

15 min PRÉPARATION

1 h CUISSON

Cassoulet rapide aux haricots coco

ustensiles

1 cocotte

Ingrédients

4 manchons de canard confits

2 saucisses de Toulouse

200 g de palette de porc cuite ou de jambonneau cuit

350 g de haricots coco secs, trempés 1 nuit dans de l'eau froide

1 petite carotte

1 oignon

1 bouquet garni

1 verre de vin blanc

sel - poivre du moulin

1. Prélevez un peu de graisse de canard dans la boîte des manchons et faites-la fondre dans une cocotte. Coupez la carotte en petits dés, émincez l'oignon. Faites revenir les légumes dans la cocotte pendant 5 minutes à feu doux.

2. Déglacez avec le vin blanc, ajoutez les haricots égouttés, remuez. Versez de l'eau jusqu'à hauteur, ajoutez le bouquet garni. Couvrez la cocotte et laissez mijoter 30 minutes à feu doux, en remuant de temps en temps.

3. Faites dorer les manchons de canard et les saucisses de Toulouse dans une grande poêle pendant 15 minutes. Retirez la graisse en cours de cuisson si nécessaire. Émiettez grossièrement la palette ou le jambonneau.

4. Ajoutez les saucisses, les manchons et la viande dans la cocotte. Laissez mijoter à couvert pendant encore 15 minutes, jusqu'à ce que les haricots soient tendres. Salez, poivrez, servez chaud.

VARIANTE Il existe de nombreuses variétés de haricots secs : haricots tarbais, de Castelnaudary, mojettes de Vendée, lingots du Nord. Augmentez le temps de cuisson en fonction de leur taille.

ASTUCE Ne salez pas l'eau de cuisson des haricots, le sel allonge le temps de cuisson des légumes secs.

Quasi de veau aux tomates

4
PERSONNES

Bon marché
COÛT

Très facile
À RÉALISER

15 min
PRÉPARATION

1 h 30
CUISSON

Ustensiles

1 cocotte - 1 spatule
1 casserole

Ingrédients

1 quasi de veau d'1,2 kg
4 tomates - 3 échalotes
3 gousses d'ail
2 verres de vin blanc sec
200 g de tomates confites
1 douzaine d'olives noires
2 branches de romarin
1 branche de thym
2 c. à s. d'huile d'olive
sel - poivre du moulin

1. Ébouillantez les tomates 1 minute. Pelez-les et concassez-les grossièrement au couteau. Pelez et émincez les échalotes. Épluchez les gousses d'ail et ôtez-en le germe. Dans une cocotte, faites revenir le veau dans l'huile sur toutes ses faces, jusqu'à ce qu'il prenne couleur. Ajoutez les échalotes. Quand elles sont translucides, versez le vin, les tomates concassées, le thym, 1 branche de romarin et les gousses d'ail entières. Baissez le feu, couvrez et laissez mijoter 1 h 15 à feu doux. Ajoutez alors les tomates confites. Salez et poivrez, laissez cuire encore 15 minutes à feu doux. Si la sauce est trop épaisse, ajoutez un peu de vin blanc, si elle est trop fluide, faites-la réduire à feu vif quelques minutes, à découvert. Décorez avec les olives noires et 1 branche de romarin.

Blanquette de veau à la vanille

4
PERSONNES

Moyen
COÛT

Facile
À RÉALISER

20 min
PRÉPARATION

2 h 30
CUISSON

Ustensiles

1 cocotte - 1 casserole
1 économe - 1 spatule
1 écumoire - 1 sauteuse

Ingrédients

800 g de veau (flanchet et tendron) - 600 g d'épaule de veau - 2 gousses de vanille
3 carottes - 3 petits poireaux
200 g de champignons de Paris
2 échalotes - 1 citron
1 bouquet garni
10 g de beurre
2 c. à s. de farine
2 c. à s. de crème fraîche
½ noix muscade
sel - poivre du moulin

1. Placez le veau coupé en gros cubes dans la cocotte et recouvrez d'eau froide. Portez à ébullition et écumez. Ajoutez le bouquet garni, les carottes en morceaux, les poireaux en tronçons et les échalotes épluchées. Salez, poivrez et laissez cuire à petits frémissements, à demi-couvert, 2 heures. Éteignez le feu et ôtez le bouquet garni. Lavez, essuyez et émincez les champignons. Faites-les revenir dans une sauteuse avec 10 g de beurre. Citronnez-les légèrement. Dans une casserole, faites fondre 30 g de beurre à feu doux. Incorporez la farine, sans cesser de remuer. Prélevez environ 75 cl du liquide de cuisson de la blanquette. Versez-le peu à peu sur le mélange beurre-farine, et faites cuire jusqu'à obtention d'une sauce épaisse. Fendez les gousses de vanille en 2 dans la longueur et grattez-en les graines. Incorporez-les à la sauce. Râpez un peu de noix muscade, ajoutez la crème fraîche et le jus d'½ citron. Mélangez et servez.

LA COCOTTE
WILLIAM

4
PERSONNES

Moyen
COÛT

Facile
À RÉALISER

20 min
PRÉPARATION

55 min
CUISSON

Tajine de poulet aux citrons confits

Ustensiles

1 cocotte - 1 spatule

1 casserole - 1 louche

1 mixeur - 1 bol

Ingrédients

1 gros poulet d'1,5 kg en morceaux et son foie

4 citrons confits

200 g d'olives violettes

1 cuil. à café de gingembre moulu

2 dosettes de safran en poudre

4 cuil. à soupe d'huile d'olive

50 g de beurre doux

1 oignon

1 gousse d'ail

1 bouquet de coriandre fraîche

sel

1. Mettez les morceaux de poulet dans une cocotte avec le foie. Salez. Ajoutez l'huile d'olive, le beurre, le gingembre, l'oignon entier épluché et l'ail épluché et écrasé. Parsemez de safran et versez 2 verres d'eau.

2. Mettez sur le feu, couvrez et portez à ébullition. Retournez les morceaux et remuez pour mélanger les épices. Baissez le feu et laissez cuire très doucement à demi-couvert pendant 40 minutes environ. Retirez l'oignon dès qu'il est cuit.

3. Ébouillantez les olives pendant 2 minutes dans une petite casserole pour enlever les résidus de sel. Égouttez-les et réservez-les. Lorsque la chair se détache facilement des morceaux de poulet, ajoutez les olives et les citrons confits coupés chacun en 4 dans la cocotte. Laissez mijoter à feu doux et à découvert pendant 10 minutes. Rectifiez l'assaisonnement.

4. Prélevez le foie de la volaille ainsi que 3 cuillerées de sauce. Mettez-les dans un bol avec l'oignon et mixez finement. Remettez ce coulis dans la cocotte, mélangez et faites bouillir 5 minutes. Dressez les morceaux sur un plat rond, en disposant tout autour les quartiers de citrons confits, les olives et la sauce. Ciselez la coriandre et parsemez-en le tajine.

VARIANTE Vous pouvez ajouter un petit bouquet de coriandre fraîche dans la cocotte, le retirer en fin de cuisson, puis parsemer votre plat de coriandre fraîche ciselée pour la déco comme prévu.

ASTUCE Si vous n'aimez pas le foie, supprimez-le ainsi que l'oignon. Votre sauce sera un peu plus fluide.

Les desserts

6
PERSONNES

Bon marché
COÛT

Facile
À RÉALISER

15 min
PRÉPARATION

40 min
CUISSON

Gâteau au yaourt

Ustensiles

1 saladier
1 fouet
1 moule à cake

Ingrédients

3 œufs
1 yaourt
3 pots (de yaourt) de farine
2 pots de sucre
½ pot d'huile
½ paquet de levure
beurre - farine pour le moule

1. Préchauffez le four à 160 °C (th. 5-6). Dans un saladier, battez le yaourt avec les œufs et le sucre, puis la farine, la levure et l'huile.

2. Beurrez et farinez le moule à cake.

3. Versez la pâte dans le moule. Faites cuire au four pendant 40 minutes environ.

4. Vérifiez la cuisson avec la lame d'un couteau, elle doit ressortir sèche.

VARIANTE Remplacez la moitié de la farine par de la farine de blé noir (ou sarrasin).

ASTUCE Imbibez le gâteau avec un peu de sirop de citron dilué afin de ne pas avoir une croûte sèche.

20
BISCUITS

Bon marhé
COÛT

Très facile
À RÉALISER

15 min
PRÉPARATION

2 h
REPOS

12 min
CUISSON

Sablés au chocolat

Ustensiles

1 rouleau à pâtisserie
1 plaque à pâtisserie
1 emporte-pièce rond
film alimentaire
papier cuisson

Ingrédients

200 g de farine
100 g de sucre glace
100 g de beurre
1 jaune d'œuf
1 cuil. à café d'extrait naturel de vanille
125 g de chocolat noir
1 pincée de sel

1. Dans un saladier, mélangez la farine, le sucre glace et le sel. Formez un puits et ajoutez le beurre coupé en parcelles, le jaune d'œuf et l'extrait de vanille. Pétrissez rapidement pour obtenir une pâte lisse. Formez une boule, enveloppez-la de film alimentaire, réservez 2 heures au réfrigérateur.

2. Préchauffez le four à 210 °C (th. 7). Abaissez la pâte au rouleau à pâtisserie sur 3 mm d'épaisseur. Disposez la pâte sur une plaque à pâtisserie recouverte de papier cuisson.

3. Avec un emporte-pièce, découpez des formes rondes d'environ 4 cm de diamètre. Enfournez pour 10 à 12 minutes, laissez les biscuits refroidir sur une grille.

4. Faites fondre le chocolat au bain-marie, trempez l'une des faces des biscuits dans le chocolat fondu. Striez la surface avec les dents d'une fourchette.

VARIANTE Glacez les biscuits avec du chocolat au lait, du chocolat blanc ou du chocolat praliné.

ASTUCE Si vous ne disposez pas d'un emporte-pièce, utilisez un verre retourné. Laisser refroidir les biscuits sur une grille permet de mieux évacuer l'humidité afin qu'ils soient plus croustillants.

12
COOKIES

Bon marché
COÛT

Facile
À RÉALISER

20 min
PRÉPARATION

10 min
CUISSON

Cookies au chocolat noir

Ustensiles

1 ou 2 plaques de cuisson antiadhésives
1 planche - 1 bol
1 cuillère - 1 spatule
1 grille

Ingrédients

100 g de chocolat noir
125 g de beurre demi-sel mou
50 g de sucre
75 g de sucre roux
1 œuf
175 g de farine
1 c. à c. rase de levure chimique

1. Préchauffez le four à 180 °C (th. 6). Sur la planche, concassez le chocolat au couteau pour obtenir des pépites. Mélangez le beurre et les sucres, jusqu'à obtenir une consistance homogène. Ajoutez l'œuf, remuez, puis incorporez farine, levure, chocolat et mélangez juste assez pour obtenir une pâte souple.

2. Avec une grande cuillère, déposez des petits tas de pâte sur la plaque en les espaçant bien et sans les aplatir. Enfournez pour 10 minutes environ.

3. Les cookies doivent être blonds, légèrement dorés sur les bords et encore très souples. Laissez-les 2 minutes sur la plaque pour les raffermir, retirez-les à l'aide d'une spatule, puis laissez refroidir sur la grille. Faites cuire le restant de la pâte de la même manière.

Cookies au chocolat blanc et pistaches

12
COOKIES

Bon marché
COÛT

Facile
À RÉALISER

20 min
PRÉPARATION

10 min
CUISSON

Ustensiles

1 ou 2 plaques de cuisson antiadhésives
1 planche - 1 bol
1 cuillère - 1 spatule - 1 grille

Ingrédients

100 g de chocolat blanc
125 g de beurre demi-sel mou
50 g de sucre
50 g de sucre roux
1 œuf
175 g de farine
1 c. à c. rase de levure chimique
50 g de pistaches natures

1. Préchauffez le four à 180 °C (th. 6). Sur la planche, concassez le chocolat au couteau pour obtenir des pépites. Mélangez le beurre et les sucres, jusqu'à obtenir une consistance homogène. Ajoutez l'œuf, remuez, puis incorporez farine, levure, chocolat, pistaches et mélangez juste assez pour obtenir une pâte souple.

2. Avec une grande cuillère, déposez des petits tas de pâte sur la plaque en les espaçant bien et sans les aplatir. Enfournez pour 10 minutes environ.

3. Les cookies doivent être blonds, légèrement dorés sur les bords et encore très souples. Laissez-les 2 minutes sur la plaque pour les raffermir, retirez-les à l'aide d'une spatule, puis laissez refroidir sur la grille. Faites cuire le restant de la pâte de la même manière.

4 à 6
PERSONNES

Bon marché
COÛT

Facile
À RÉALISER

20 min
PRÉPARATION

10 min
CUISSON

4 h
RÉFRIGÉRATION

Marshmallows

ustensiles

1 moule à cake
papier cuisson
1 batteur électrique
1 casserole à fond épais
1 fouet

Ingrédients

55 g de fécule de maïs
70 g de sucre glace
3 blancs d'œufs
6 g d'agar-agar
300 g de sucre en poudre
1 cuil. à soupe de miel
3 cuil. à soupe d'eau de fleur d'oranger
1 pincée de poudre de colorant naturel

1. Dans un bol, mélangez 50 g de fécule de maïs et 50 g de sucre glace. Chemisez la partie large d'un moule à cake de papier cuisson en laissant le papier déborder à l'extérieur. Enduisez les côtés de mélange sucre glace/fécule, réservez.

2. Battez les blancs en neige ferme en y incorporant petit à petit 20 g de sucre glace et 1 cuillerée à café de fécule de maïs. Délayez l'agar-agar dans 8 cl d'eau. Versez le sucre dans une casserole à fond épais, ajoutez l'agar-agar, le miel et l'eau de fleur d'oranger. Fouettez doucement pour dissoudre le sucre, puis portez à ébullition. Laissez cuire 8 minutes à partir de l'ébullition, le sirop doit atteindre la température de 110 °C.

3. Versez petit à petit le sirop sur les blancs tout en fouettant, en prenant garde aux projections. Ajoutez le colorant, fouettez plusieurs minutes jusqu'à ce que la préparation refroidisse. Répartissez l'ensemble dans le moule à cake et laissez prendre 4 heures au réfrigérateur.

4. Démoulez la guimauve en soulevant les pans du papier cuisson. Placez-la sur une planche, découpez-la en cubes. Passez immédiatement les cubes dans le mélange sucre glace/fécule. Conservez dans une boîte hermétique.

VARIANTE Remplacez l'eau de fleur d'oranger par de l'eau de rose ou un sirop de votre choix qui colorera en même temps la guimauve.

ASTUCE Comptez 8 minutes à partir de l'ébullition, prélevez une petite quantité de sirop avec une cuillère et plongez-la dans l'eau froide, le sirop est prêt s'il forme une boule souple et non collante. Si vous ne pouvez vous procurer de l'agar-agar, ajoutez au sirop 12 g de gélatine délayés dans 4 cuillerées à soupe d'eau, avant de le verser sur les blancs d'œufs.

10
BARQUETTES

Bon marché
COÛT

Facile
À RÉALISER

20 min
PRÉPARATION

15 min
CUISSON

30 min
REPOS

Barquettes à la fraise

Ustensiles

1 fouet électrique

10 moules à barquettes en silicone

Ingrédients

1 gros œuf

50 g de sucre en poudre

50 g de farine

1 cuil. à café d'extrait naturel de vanille

1 pincée de sel

60 g de confiture de fraises

½ feuille de gélatine

15 g de sucre glace

1. Préchauffez le four à 180 °C (th. 6). Cassez l'œuf, séparez le blanc du jaune. Battez le jaune et le sucre en poudre avec un fouet électrique jusqu'à ce que le mélange blanchisse. Ajoutez la farine tamisée en pluie et l'extrait de vanille, mélangez bien. Montez les blancs en neige avec 1 pincée de sel, puis incorporez-les délicatement.

2. Répartissez la pâte dans 10 moules à barquettes en silicone. Enfournez pour 12 à 15 minutes.

3. Faites tremper la gélatine dans un bol d'eau froide. Versez la confiture dans une petite casserole et faites-la chauffer. Essorez la gélatine en la pressant dans la main, puis incorporez-la dans la confiture.

4. Sortez les barquettes du four, écrasez le centre des biscuits avec l'extrémité d'une cuillère en bois pour y former un creux. À l'aide d'une petite cuillère, garnissez les barquettes de confiture. Laissez prendre 30 minutes à température ambiante, puis saupoudrez de sucre glace.

VARIANTE Remplacez la confiture de fraises par de la confiture de marrons ou de la pâte à tartiner maison.

ASTUCE Utilisez une petite passoire, type passoire à thé, pour saupoudrer légèrement et régulièrement vos biscuits.

Dragées fondantes

1
SACHET

Bon marché
COÛT

Délicat
À RÉALISER

20 min
PRÉPARATION

15 min
CUISSON

Ustensiles

1 casserole à fond épais
1 thermomètre
1 petit plat à gratin
1 boîte de conserve vide et propre

Ingrédients

8 g de fécule de riz
2 c. à café d'eau de rose (ou autre sirop)
60 g de glucose
200 g de sucre
1 pincée de colorant naturel

Faites dissoudre la fécule de riz dans 5 cl d'eau. Faites bouillir de l'eau et versez-la dans un petit plat. Mélangez 15 cl d'eau, l'eau de rose, le glucose et le sucre dans une casserole à fond épais, ajoutez la fécule délayée. Portez à ébullition et faites cuire 12 à 15 minutes en remuant doucement. Lorsque la température atteint 140 °C, éteignez le feu, attendez quelques secondes, puis incorporez le colorant. Transvasez dans la boîte de conserve et placez-la dans le plat d'eau chaude. Prélevez un peu de pâte avec une cuillère à café, attendez qu'elle refroidisse pour ne pas vous brûler, puis roulez une dragée dans le creux de votre main. Procédez ainsi avec le reste de la pâte. Travaillez rapidement avec deux cuillères car le sirop fige très vite. Si vos bonbons sont collants, roulez-les dans un mélange de fécule de riz et de sucre glace et passez-les 2 minutes au four à 180 °C (th. 6).

Nounours à la guimauve et au chocolat au lait

12
NOUNOURS

Bon marché
COÛT

Facile
À RÉALISER

30 min
PRÉPARATION

5 min
CUISSON

4 h 30
RÉFRIGÉRATION

Ustensiles

1 moule souple à empreintes « nounours »
1 pinceau de cuisine

Ingrédients

110 g de chocolat au lait
1 blanc d'œuf
2 g d'agar-agar
2 c. à café de sucre glace
1 pincée de fécule de maïs
100 g de sucre
1 c. à café de miel
1 c. à soupe d'eau de fleur d'oranger
Marshmallows : voir recette p. 122

1. Faites fondre le chocolat au lait au bain-marie. Au pinceau, enduisez les empreintes du moule nounours de chocolat. Réservez 30 minutes au réfrigérateur.

2. Préparez la guimauve en suivant la recette des marshmallows (p. 122), remplissez immédiatement les empreintes avec la guimauve, sans la laisser prendre. Réservez 2 heures au réfrigérateur.

3. Replacez le chocolat fondu dans le bain-marie quelques minutes, passez une couche de chocolat au pinceau pour refermer les nounours. Faites prendre à nouveau 2 heures au réfrigérateur.

12
MUFFINS

Bon marché
COÛT

Facile
À RÉALISER

15 min
PRÉPARATION

25 min
CUISSON

Muffins aux myrtilles

Ustensiles

1 moule à muffins en métal
12 caissettes en papier
2 bols
1 grande cuillère
1 grille

Ingrédients

250 g de farine
3 cuil. à café rases de levure chimique
100 g de sucre
2 pincées de sel
25 cl de lait entier ou demi-écrémé
1 œuf
75 g de beurre fondu
100 g de myrtilles fraîches ou surgelées

1. Disposez les caissettes en papier dans le moule à muffins. Préchauffez le four à 180 °C (th. 6).

2. Dans un bol, mélangez la farine, la levure, le sucre et le sel. Dans le second bol, réunissez le lait, l'œuf et le beurre fondu. Ajoutez ce mélange liquide aux éléments secs et remuez à l'aide d'une grande cuillère, juste assez pour incorporer la farine.

3. Ajoutez les myrtilles fraîches ou surgelées (mais non décongelées) et mélangez très légèrement.

4. Remplissez les caissettes aux ¾, en vous aidant d'une grande cuillère ou d'une cuillère à glace. Enfournez pour 25 minutes. Vérifiez la cuisson avec la lame d'un couteau, elle doit ressortir sèche. Sortez les caissettes du moule à muffins, puis faites-les refroidir sur la grille.

VARIANTE Ces muffins sont également délicieux avec des framboises.

ASTUCE Si vous utilisez des fruits surgelés, il est important de les incorporer dans la pâte lorsqu'ils sont encore gelés afin qu'ils ne rendent pas d'eau.

Mousse choco et ses madeleines

4
PERSONNES

Bon marché
COÛT

Très facile
À RÉALISER

15 min
PRÉPARATION

13 min
CUISSON

1 h
RÉFRIGÉRATION

Ustensiles

1 bol - 2 saladiers
1 moule à madeleines souple
1 fouet électrique
4 verrines

Ingrédients

Pour 8 madeleines
1 œuf
son poids en farine
son poids en sucre
son poids en beurre fondu

Pour la mousse choco
1 tablette de chocolat noir
4 œufs

1. Préchauffez le four à 180 °C (th. 6). Pesez l'œuf. Cassez-le et mélangez-le avec son poids en sucre. Ajoutez la même quantité de farine et de beurre fondu. Mélangez pour obtenir une pâte lisse. Répartissez la préparation dans un moule souple à madeleines. Laissez cuire 8 à 10 minutes environ.

2. Pendant la cuisson, préparez la mousse choco : cassez la tablette de chocolat noir dans un bol. Ajoutez 1 cuillère à soupe d'eau. Laissez fondre au micro-ondes pendant 3 minutes. Séparez les blancs des jaunes d'œufs. Ajoutez les jaunes au chocolat fondu en mélangeant bien. Montez les blancs en neige ferme et ajoutez au mélange choco-jaunes d'œufs. Versez dans de petites verrines transparentes et placez au réfrigérateur pendant 1 heure au moins.

3. Sortez les madeleines du four dès qu'elles sont dorées. Laissez refroidir sur une grille. Servez-les avec les mousses au chocolat.

Riz au lait

8
PERSONNES

Bon marché
COÛT

Très facile
À RÉALISER

15 min
PRÉPARATION

30 min
CUISSON

30 min
REPOS

Ustensiles

2 casseroles
8 petits pots

Ingrédients

220 g de riz
1 l de lait demi-écrémé
1 gousse de vanille
130 g de sucre en poudre
2 sachets de sucre vanillé

1. Dans une casserole, faites blanchir le riz dans un grand volume d'eau bouillante pendant 4 minutes. Égouttez-le et rincez-le à l'eau claire. Mettez le lait dans une autre casserole. Fendez la gousse de vanille en deux. Grattez-en les grains et mélangez-les au lait avec la gousse.

2. Versez le riz et faites cuire à feu doux pendant 20 minutes. Ajoutez alors le sucre en poudre et le sucre vanillé. Laissez à nouveau mijoter pendant 5 minutes environ.

3. Versez dans des petits pots individuels après avoir retiré la gousse de vanille. Laissez refroidir 20 à 30 minutes et dégustez.

4
PERSONNES

Bon marché
COÛT

Facile
À RÉALISER

20 min
PRÉPARATION

5 min
CUISSON

4 h 15
RÉFRIGÉRATION

Crèmes au chocolat façon liégeois

Ustensiles

1 fouet
1 batteur électrique
4 verres ou coupes
1 cuillère ou 1 poche à douille

Ingrédients

125 g de chocolat noir
30 cl de lait
30 cl de crème liquide
100 g de sucre en poudre
3 g d'agar-agar
1 cuil. à soupe de cacao en poudre

Pour la chantilly

7 cl de crème fleurette
7 cl de crème fraîche épaisse
30 g de sucre glace

1. Hachez le chocolat. Faites chauffer le lait, la crème liquide et le sucre. Ajoutez l'agar-agar et portez à ébullition pendant 30 secondes. Versez le liquide chaud sur le chocolat. Mélangez jusqu'à ce que le chocolat ait complètement fondu.

2. Versez dans 4 verres ou coupes. Laissez refroidir puis réservez au réfrigérateur pendant 4 heures.

3. Mélangez la crème fleurette et la crème fraîche dans un saladier. Placez le tout au congélateur pendant 15 minutes. Montez la crème en chantilly avec un fouet électrique, incorporez le sucre glace petit à petit dès que la crème commence à prendre.

4. Dressez la chantilly sur les crèmes avec une cuillère ou une poche à douille. Parsemez de cacao en poudre.

VARIANTE Pour une version café de ce dessert, remplacez le chocolat par 1 cuillerée à soupe de café soluble, à délayer dans la crème liquide.

ASTUCE Pour réussir à coup sûr une chantilly, versez la crème dans un récipient en inox et placez-le, ainsi que les pâles de votre fouet, au congélateur pendant 15 minutes.

Crèmes **renversées** au caramel

8 PERSONNES
Bon marché COÛT
Facile À RÉALISER
15 min PRÉPARATION
25 min CUISSON

Ustensiles

2 casseroles - 1 saladier
1 bain-marie - 1 fouet
8 ramequins en porcelaine

Ingrédients

1 l de lait entier
8 œufs
160 g de sucre
½ gousse de vanille

Pour le caramel

150 g de sucre
2 cuil. à soupe d'eau

1. Préchauffez le four à 150 °C (th. 5). Préparez le caramel : versez le sucre dans une casserole puis ajoutez 2 cuillerées à soupe d'eau. Portez le tout à ébullition puis surveillez jusqu'à la caramélisation. Arrêtez la cuisson du caramel en plongeant le fond de la casserole dans de l'eau froide. Répartissez le caramel bien chaud au fond des ramequins. Laissez refroidir et durcir le caramel.

2. Faites chauffer le lait dans une casserole avec la demi-gousse de vanille fendue en 2. Dans un saladier, fouettez rapidement les œufs avec 160 g de sucre. Ajoutez le lait chaud et mélangez délicatement sans faire de mousse. Retirez la demi-gousse de vanille. Répartissez cette crème dans les ramequins caramélisés. Déposez-les dans un bain-marie puis ajoutez de l'eau bouillante jusqu'à mi-hauteur. Faites cuire pendant 25 à 30 minutes au four. Vérifiez la cuisson à l'aide de la pointe d'un couteau, la lame doit ressortir propre. Laissez bien refroidir. Démoulez délicatement les crèmes renversées en passant la lame d'un couteau contre la paroi des petits pots.

Crèmes **laitières** à la vanille

5 PERSONNES
Bon marché COÛT
Facile À RÉALISER
10 min PRÉPARATION
25 min CUISSON
2 h RÉFRIGÉRATION

Ustensiles

1 casserole
1 saladier
5 petits pots en porcelaine

Ingrédients

50 cl de lait entier
1 œuf + 3 jaunes
80 g de sucre
1 gousse de vanille

1. Préchauffez le four à 150 °C (th. 5). Fendez et grattez la gousse de vanille. Mélangez le tout avec le lait dans une casserole. Faites frémir puis laissez infuser pendant 10 minutes.

2. Dans un saladier, fouettez les 3 jaunes avec l'œuf entier et le sucre. Ajoutez le lait chaud vanillé. Mélangez en évitant de faire de la mousse. Écumez si nécessaire. Retirez la gousse de vanille. Remplissez les petits pots. Déposez-les dans un bain-marie puis ajoutez de l'eau chaude jusqu'à mi-hauteur. Faites cuire pendant 25 à 30 minutes au four. Laissez refroidir au réfrigérateur pendant au moins 2 heures.

4
PERSONNES

Moyen
COÛT

Facile
À RÉALISER

35 min
PRÉPARATION

2 h
RÉFRIGÉRATION

Crèmes de mascarpone aux fruits d'été

Ustensiles

1 fouet électrique
2 saladiers
1 fouet
4 verrines

Ingrédients

200 g de mascarpone
250 g de fraises
2 abricots
1 kiwi
50 g de sucre
2 œufs
½ citron
8 cl de coulis de framboises
1 cuil. à soupe de sucre
1 cuil. à soupe de pistaches non salées concassées
1 cuil. à soupe de kirsch

1. Lavez soigneusement les fruits. Taillez les fraises, les abricots et le kiwi en petits dés. Mélangez et sucrez légèrement si nécessaire. Répartissez les dés de fruits dans les verrines jusqu'à mi-hauteur. Réservez au frais.

2. Séparez les jaunes des blancs d'œufs. Dans un saladier, fouettez les jaunes d'œufs avec le sucre et le kirsch. Incorporez le mascarpone, fouettez bien fort pour obtenir un mélange homogène.

3. À l'aide du fouet électrique, montez les blancs d'œufs en neige avec quelques gouttes de jus de citron et incorporez-les au précédent mélange. Réservez cette crème de mascarpone au réfrigérateur pendant quelques minutes.

4. Complétez les verrines avec la crème de mascarpone en vous arrêtant à 2 cm du bord. Laissez prendre pendant 2 heures au réfrigérateur. Terminez la décoration en complétant les verrines avec une petite couche de coulis de framboises et un peu de pistaches concassées.

VARIANTE Ajoutez un biscuit à la cuiller imbibé de sirop au milieu des verrines lorsque vous versez la crème au mascarpone.

ASTUCE Quelques gouttes de jus de citron dans les blancs d'œufs permettent d'obtenir des œufs en neige bien fermes.

4
PERSONNES

Bon marché
COÛT

Facile
À RÉALISER

15 min
PRÉPARATION

5 min
CUISSON

3 h 15
RÉFRIGÉRATION

Mousses desserts aux marrons

Ustensiles

1 fouet électrique
4 ramequins

Ingrédients

100 g de crème liquide entière
2 feuilles de gélatine
250 g de purée de marrons vanillée

1. Versez la crème fraîche dans un récipient assez large et placez-la 15 minutes au congélateur. Montez la crème en chantilly avec un fouet électrique.

2. Faites tremper les feuilles de gélatine dans un bol d'eau froide. Versez la purée de marrons dans une casserole et faites-la chauffer sur feu doux. Essorez la gélatine et ajoutez-la à la purée de marrons, mélangez bien.

3. Transvasez dans un saladier, puis incorporez la chantilly délicatement.

4. Répartissez dans des ramequins et laissez prendre 3 heures au réfrigérateur.

VARIANTE Ajoutez des brisures de marrons glacés ou des pépites de chocolat et 1 blanc d'œuf battu en neige pour une mousse encore plus légère.

ASTUCE Pour réussir une chantilly par temps chaud, placez le récipient contenant la crème dans un saladier plus grand rempli de glaçons.

6
PERSONNES

Bon marché
COÛT

Facile
À RÉALISER

15 min
PRÉPARATION

3 min
CUISSON

2 h
RÉFRIGÉRATION

Crèmes dessert au chocolat blanc, coulis de framboises

Ustensiles

1 casserole
1 saladier
1 fouet
6 ramequins

Ingrédients

130 g de chocolat blanc
50 cl de lait
40 g de sucre
30 g de fécule de maïs
2 jaunes d'œufs
10 cl de coulis de framboises

1. Versez 45 cl de lait dans une casserole. Faites-le frémir. Concassez le chocolat blanc en morceaux.

2. Dans un saladier, fouettez les jaunes d'œufs avec le sucre. Ajoutez 5 cl de lait puis la fécule de maïs. Fouettez de nouveau jusqu'à l'obtention d'un mélange homogène. Versez le lait bouillant par-dessus. Mélangez bien puis reversez le tout dans la casserole.

3. Faites épaissir à feu doux, en fouettant constamment et à la limite de l'ébullition. Quand la crème dessert est nappante, retirez-la du feu puis ajoutez les morceaux de chocolat blanc. Fouettez puis bien lissez le tout.

4. Répartissez cette crème jusqu'aux ¾ dans les ramequins. Laissez bien refroidir au réfrigérateur pendant 2 heures. Complétez les verrines avec une couche de coulis de framboises. Terminez le décor avec quelques framboises et des feuilles de menthe, et servez.

VARIANTE Remplacez le coulis de framboises par un coulis de mangue ou d'abricot.

ASTUCE Ne faites surtout pas bouillir cette crème dessert car des grumeaux pourraient apparaître.

Fondant au chocolat

4 PERSONNES

Moyen COÛT

Facile À RÉALISER

20 min PRÉPARATION

30 min CUISSON

12 h RÉFRIGÉRATION

2 à 3 h REPOS

Ustensiles

1 moule à manqué
1 saladier
1 jatte
1 grille
papier sulfurisé
1 fouet
1 couteau plat ou 1 spatule coudée

Ingrédients

200 g de chocolat noir
200 g de beurre
50 g de sucre glace
70 g de sucre en poudre
5 gros œufs
40 g de fécule de maïs
1 pincée de sel

Pour le glaçage

150 g de chocolat noir
75 g de beurre

1. La veille, préchauffez le four à 180 °C (th. 6) et tapissez un moule à manqué de papier sulfurisé. Cassez les 200 g de chocolat dans un saladier, ajoutez le beurre en morceaux et faites fondre au bain-marie ou au micro-ondes. Lissez ce mélange au fouet à main, ajoutez 1 pincée de sel, le sucre glace et le sucre en poudre, puis les œufs entiers, un à un, en fouettant chaque fois. Incorporez enfin la fécule de maïs.

2. Versez cette pâte dans le moule et enfournez, 22 à 25 minutes pour un cœur très fondant, et jusqu'à 30 minutes pour un résultat un peu plus cuit. Sortez le gâteau du four et laissez-le complètement refroidir avant de le démouler. Laissez reposer 12 heures au frais.

3. Le lendemain, juste avant de servir, préparez le glaçage. Mettez le chocolat, le beurre et 2 cuillères à soupe d'eau dans une jatte, faites fondre au micro-ondes ou au bain-marie et mélangez. Laissez refroidir et durcir un petit peu.

4. Posez sur une grille du papier sulfurisé et le gâteau dessus. Étalez le glaçage sur le gâteau avec un grand couteau plat ou une spatule coudée. Laissez durcir 2 à 3 heures dans un endroit frais et sec (mais pas au réfrigérateur). Servez avec une crème anglaise.

VARIANTE Remplacez le glaçage chocolat par du fondant coloré.

ASTUCE Décorez le gâteau avec des roses en sucre, des violettes, des paillettes en chocolat…

Mille-feuilles fraises-framboises

4
PERSONNES

Moyen
COÛT

Délicat
À RÉALISER

30 min
PRÉPARATION

15 min
CUISSON

Ustensiles
1 plaque
1 pinceau
papier sulfurisé
1 grille

Ingrédients
6 feuilles de brick
100 g de beurre fondu
100 g de sucre glace
125 g de pralin
125 g de fraises fraîches
250 g de framboises fraîches

Préchauffez le four à 180 °C (th. 6). Dans chaque feuille de brick, découpez 6 rectangles de 4 × 10 cm pour obtenir 36 rectangles. Badigeonnez-les de beurre fondu et saupoudrez de sucre glace. Empilez les rectangles par 3. Placez les 12 tas sur la plaque. Déposez 1 feuille de papier sulfurisé sur les rectangles, posez une grille dessus et faites cuire 15 minutes : les rectangles doivent être bien dorés. Retirez du four et laissez refroidir. Montez les mille-feuilles : déposez un tas de brick, saupoudrez de pralin, ajoutez les fraises coupées en tranches épaisses. Déposez un deuxième tas, puis les framboises entières. Saupoudrez de pralin et terminez par un troisième tas de brick saupoudré de pralin. Décorez de sucre glace et servez immédiatement.

Mille-feuilles abricots-pistaches

4
PERSONNES

Moyen
COÛT

Délicat
À RÉALISER

30 min
PRÉPARATION

15 min
CUISSON

Ustensiles
1 plaque
1 pinceau
1 fouet électrique
1 bol
papier sulfurisé
1 grille

Ingrédients
6 feuilles de brick
100 g de beurre fondu
15 cl de chantilly
60 g de poudre de pistaches
8 abricots bien mûrs
15 g de pistaches
100 g de sucre glace

Préchauffez le four à 180 °C (th. 6). Dans chaque feuille de brick, découpez 6 rectangles de 4 × 10 cm pour obtenir 36 rectangles. Badigeonnez-les de beurre fondu et saupoudrez de sucre glace. Empilez les rectangles par 3. Placez les 12 tas sur la plaque. Déposez 1 feuille de papier sulfurisé sur les rectangles, puis posez la grille dessus et faites cuire 15 minutes : les rectangles doivent être bien dorés. Retirez du four et laissez-les refroidir. Mélangez délicatement la chantilly avec la poudre de pistaches. Rincez les abricots, dénoyautez-les et coupez-les en tranches. Montez les mille-feuilles : déposez un tas de brick, un peu de chantilly à la pistache et des tranches d'abricots. Déposez un deuxième tas, recommencez avec la chantilly et les abricots. Terminez par un troisième tas de brick et saupoudrez des pistaches grossièrement hachées. Décorez de sucre glace. Servez immédiatement.

Gâteau aux marrons

4 à 6
PERSONNES

Moyen
COÛT

Facile
À RÉALISER

20 min
PRÉPARATION

40 min
CUISSON

Ustensiles

1 casserole
1 mixeur
1 poêle
1 moule à gâteau

Ingrédients

600 g de châtaignes cuites en bocal
40 cl de lait
130 g de sucre semoule
1 gousse de vanille
2 œufs
2 c. à s. de rhum (facultatif)

1. Versez les châtaignes dans une casserole, ajoutez le lait et la gousse de vanille fendue. Faites chauffer doucement jusqu'à ébullition. Retirez la vanille, puis mixez l'ensemble finement. Ajoutez 30 g de sucre, les œufs battus en omelette et éventuellement le rhum. Mélangez pour obtenir une pâte bien homogène. Préchauffez le four à 150 °C (th. 5).

2. Faites caraméliser 100 g de sucre à sec dans une poêle à feu moyen. Lorsque le caramel est bien liquide, versez-le dans le fond du moule. Ajoutez la pâte. Enfournez pour 40 minutes. Démoulez lorsque le gâteau est bien froid. Servez accompagné de crème Chantilly.

Gâteau coco

4 à 6
PERSONNES

Moyen
COÛT

Facile
À RÉALISER

15 min
PRÉPARATION

50 min
CUISSON

Ustensiles

1 saladier
1 fouet
1 moule anneau

Ingrédients

300 g de sucre semoule
12 jaunes d'œufs
40 g de beurre fondu + 20 g pour le moule
120 g de noix de coco râpée + 20 g pour la déco
15 cl de lait
1 pincée de sel

1. Préchauffez le four à 210 °C (th. 7). Battez les jaunes d'œufs avec le sucre, le mélange doit être mousseux. Ajoutez la noix de coco et le sel, puis le lait et 40 g de beurre fondu. Mélangez bien. Beurrez généreusement le moule, versez la préparation.

2. Placez le moule dans un bain-marie d'eau tiède et enfournez pour 50 minutes environ. Il faut que la surface soit bien dorée et que la pointe du couteau ressorte sèche lorsque vous piquez le flan. Décorez de noix de coco râpée et dégustez tiède.

4
PERSONNES

Bon marché
COÛT

Facile
À RÉALISER

15 min
PRÉPARATION

10 min
RÉFRIGÉRATION

1 h
CUISSON

Amandine aux poires

Ustensiles

1 moule à gâteau
1 fouet électrique
1 bol
1 saladier
papier de cuisson
légumes secs

Ingrédients

1 rouleau de pâte feuilletée
4 poires
130 g de poudre d'amandes
2 œufs
2 blancs d'œufs
50 g de sucre en poudre
le jus d'½ citron
1 pincée de sel

1. Déroulez la pâte feuilletée, déposez sur le dessus une feuille de papier de cuisson. Piquez la pâte et le papier à l'aide d'une fourchette puis recouvrez de légumes secs. Placez l'ensemble au réfrigérateur pendant 10 minutes. Préchauffez le four à 180 °C (th. 4). Enfournez la pâte 15 minutes.

2. Ôtez les légumes et le papier et remettez au four pendant 3 minutes. Sortez ensuite le moule tout en laissant le four allumé.

3. Mélangez les 2 œufs avec la poudre d'amandes. Ajoutez 1 pincée de sel aux 2 blancs d'œufs et montez-les en neige ferme. Versez progressivement 2 cuillères à soupe de sucre et continuez de fouetter pendant 1 minute. Mélangez la crème d'amandes aux œufs en neige. Ajoutez délicatement le sucre restant. Étalez sur la pâte feuilletée cuite et refroidie.

4. Coupez les poires en 2, épépinez-les et pelez-les. Coupez-les en tranches épaisses et arrosez-les du jus de citron. Déposez-les ensuite sur la pâte d'amandes et enfournez pendant 40 minutes environ jusqu'à ce que la mousse soit bien dorée. Laissez refroidir avant de servir.

VARIANTE Vous pouvez remplacer les poires par des cerises, c'est également très bon !

ASTUCE Au moment de servir, accompagnez l'amandine d'une gelée de coing ou d'une boule de glace à la vanille.

10
PERSONNES

Bon marché
COÛT

Facile
À RÉALISER

30 min
PRÉPARATION

45 min
CUISSON

Carrot cake

Ustensiles

1 moule à gâteau de 25 cm de diamètre
1 râpe
3 bols
1 spatule
1 économe
1 grille

Ingrédients

275 g de carottes (environ 5 carottes)
275 g de farine
1 paquet de levure chimique (11 g)
275 g de sucre
4 œufs
2 pincées de sel
2 c. à c. rase de cannelle moulue
2 c. à c. rase de gingembre moulu
20 cl d'huile de tournesol
huile pour le moule

Pour le glaçage

200 g de Philadelphia® nature ou de Saint-Môret®
2 c. à s. de sucre glace
2 c. à c. de jus de citron

1. Huilez le moule. Préchauffez le four à 180 °C (th. 6) ou à 165 °C (chaleur tournante). Pelez, puis râpez les carottes et mettez-les dans un bol.

2. Dans un grand bol, mélangez la farine, la levure, le sucre, le sel et les épices. Versez l'huile et mélangez bien. Ajoutez les carottes râpées, mélangez. Ajoutez les œufs, un par un, en mélangeant bien à chaque ajout.

3. Versez la pâte dans le moule huilé, puis lissez la surface. Enfournez pour 45 minutes environ. Le gâteau doit être gonflé et ferme au toucher. Vérifiez la cuisson avec la lame d'un couteau, elle doit ressortir sèche. Laissez tiédir pendant 20 minutes, puis démoulez sur une grille.

4. Préparez le glaçage. Dans un bol, mélangez le Philadelphia®, le sucre glace et le jus de citron, jusqu'à ce que le mélange soit bien lisse. Étalez cette préparation sur le gâteau refroidi à l'aide d'une spatule.

VARIANTE Ce gâteau est excellent avec d'autres légumes comme la betterave ou le panais, et sans glaçage.

ASTUCE Si vous utilisez un moule en silicone, il est inutile de le graisser. En revanche, le temps de cuisson risque d'être légèrement plus long, la chaleur n'étant pas conduite de la même manière.

4 à 6
PERSONNES

Moyen
COÛT

Facile
À RÉALISER

15 min
PRÉPARATION

30 min
CUISSON

Gâteau normand aux pommes

Ustensiles

1 économe - 1 poêle
1 saladier - 1 fouet
1 moule à manqué

Ingrédients

3 belles pommes
50 g de beurre doux
7 cl de calvados (facultatif)
20 cl de crème fraîche épaisse
3 œufs - 100 g de sucre
50 g de fécule de maïs
100 g de farine
1 sachet de levure chimique
1 sachet de sucre vanillé
beurre et farine pour le moule

1. Pelez les pommes et coupez-les en quartiers un peu épais. Faites-les dorer dans une poêle avec le beurre. Flambez-les au calva et retirez-les du feu. Préchauffez le four à 180 °C (th. 6).

2. Blanchissez les œufs avec le sucre jusqu'à ce que le mélange soit bien mousseux. Ajoutez la crème épaisse, puis la farine, la levure et la fécule. Intégrez les pommes dans la pâte. Versez la pâte dans un moule à manqué beurré et fariné. Saupoudrez de sucre vanillé. Enfournez pour 30 minutes.

Gâteau renversé à l'ananas

4 à 6
PERSONNES

Moyen
COÛT

Facile
À RÉALISER

15 min
PRÉPARATION

30 min
CUISSON

Ustensiles

1 poêle - 1 saladier
1 fouet
1 moule à manqué

Ingrédients

1 boîte de tranches d'ananas au sirop
3 œufs
225 g de sucre
125 g de farine
½ sachet de levure chimique
125 g de beurre
2 c. à s. de rhum

1. Préchauffez le four à 180 °C (th. 6).

2. Réalisez un caramel à sec en faisant fondre 100 g de sucre dans une poêle à feu moyen. Lorsque le caramel est liquide, versez-le au fond d'un moule à manqué. Déposez harmonieusement les tranches d'ananas sur le caramel.

3. Faites fondre le beurre. Blanchissez les œufs avec le reste de sucre pour obtenir un mélange mousseux. Incorporez le beurre fondu, puis la farine et la levure. Terminez par le rhum. Versez la pâte sur les tranches d'ananas. Enfournez pour 30 minutes.

4
PERSONNES

Moyen
COÛT

Facile
À RÉALISER

30 min
PRÉPARATION

35 min
CUISSON

Baba au rhum

Ustensiles

1 moule à savarin

1 saladier

1 petite casserole

1 plat creux de présentation

Ingrédients

200 g de farine

125 g de sucre en poudre

2 œufs

3 cuil. à soupe de lait

1 sachet de levure chimique

30 g de beurre + 20 g pour le moule

Pour le sirop

30 cl de vieux rhum

100 g de sucre roux en poudre

1 gousse de vanille

Pour la crème

50 cl de crème liquide très froide

30 g de sucre roux en poudre

1 gousse de vanille

1. Préchauffez le four à 200 °C (th. 6-7) et beurrez un moule à savarin. Cassez les œufs dans un saladier, incorporez le sucre et fouettez la préparation pour obtenir un mélange blanc et mousseux. Ajoutez le lait, le beurre fondu, la farine et la levure. Mélangez longuement. Au dernier moment, coulez la pâte dans le moule en lissant.

2. Baissez le thermostat du four à 6 (180 °C) et enfournez le gâteau pour 25 minutes. Pour savoir si le baba est cuit, plantez la pointe d'un couteau, elle doit ressortir sèche. Démoulez le baba encore chaud et réservez-le dans un plat creux.

3. Préparez le sirop. Faites bouillir à feu doux pendant 10 minutes le rhum avec 40 cl d'eau, le sucre et la gousse de vanille fendue en deux. Arrosez le gâteau avec le sirop encore chaud ; recommencez toutes les 5 minutes en reprenant le sirop qui a coulé dans le plat, pour que le baba soit complètement imbibé, puis laissez-le refroidir.

4. Fouettez la crème liquide en chantilly, en incorporant le sucre et les graines noires parfumées contenues dans la gousse de vanille. Garnissez le centre du baba au rhum froid avec la crème à la vanille. Servez.

VARIANTE Divisez de moitié la quantité de rhum pour un baba familial dévoré par les enfants.

ASTUCE Vous pouvez garnir le centre du baba de fruits frais découpés qui se marieront parfaitement au sirop au rhum.

RHUM CRÉOLE

Index des recettes

Index des ingrédients

Photographies de couverture : Plat 1 de haut en bas - Martin Balme et AnneCé Bretin, Guillaume Czerw et AnneCé Bretin ; **Plat 4 de haut en bas -** Guillaume Czerw et AnneCé Bretin, Fabrice Veigas et Julie Soucail, Guillaume Czerw et Julie Schwob, Fabrice Veigas et Julie Soucail, Aline Princet et Motoko Okuno.

Photographies des pas à pas : Guillaume Czerw
Textes et stylisme des pas à pas : AnneCé Bretin

Les 80 recettes de cet ouvrage ont déjà été publiées dans des ouvrages de la collection « Toquades », © Éditions First :
Boulettes, croquettes et cromesquis (2012), *C'est gratiné* (2010), *Cookies, muffins & Co* (2012), *Hot dog* (2013), *La Cuisine de mon placard* (2012), *La Cuisine des p'tits chefs* (2009), *Le Best-Of du supermarché* (2014), *Les Bricks, c'est chic* (2012), *Les Meilleurs Desserts d'antan* (2014), *Madeleine, ma petite reine* (2009), *Mange ta soupe !* (2010), *Mon P'tit Bistrot* (2010), *Oh mon gâteau !* (2010), *Petites crèmes douceur* (2011), *Qu'est-ce que tu mijotes ?* (2012), *Raconte-moi des salades !* (2010), *Tronche de cake* (2010), *Un étudiant ça mange énormément* (2011).

Photographie de Betül Balkan, stylisme de Judith Clavel : 25.
Photographies de Guillaume Czerw, stylisme d'Emmanuel Renault : 23, 25, 101, 103, 131, 143, 149, 155.
Photographies de Guillaume Czerw, stylisme de Julie Schwob : 31, 53, 59, 69, 91, 145, 153.
Photographie de Jean Bono, stylisme de Marie Joub : 29.
Photographies de Martin Balme, stylisme d'AnneCé Bretin : 111, 113.
Photographies de Pierre Chivoret, stylisme d'Alexia Jenny : 33, 67, 79, 85.
Photographies de Philippe Vaurès Santamaria, stylisme Caroline Wietzel : 39, 41, 43, 45, 49, 55, 57, 61.
Photographie d'Aline Princet, stylisme de Motoko Okuno : 117.
Photographies d'Amélie Roche, stylisme de Manuella Chantepie: 37, 47, 51, 63, 71, 77, 81, 87, 95, 121, 129, 135, 137, 141, 151.
Photographie de Fabrice Veigas, stylisme de Julie Soucail : 35, 73, 75, 83, 89, 93, 97, 99, 105, 107, 109, 119, 123, 125, 127, 133, 139.

Textes - Maya Barakat-Nuq : 24 ; **Frédéric Berqué :** 38, 40, 42, 44, 48, 90, 134, 136, 140 ; **Camille Chaptal :** 32, 66, 78, 84, 110, 112 ; **Myriam Darmoni :** 36, 46, 50, 62, 70, 76, 80, 86, 94 ; **Valérie Duclos-Prévost :** 26, 100, 102, 130, 142, 148, 154 ; **Thomas Feller :** 28 ; **Marion Kemper :** 22 ; **Florent Margaillan :** 116 ; **Thierry Roussillon :** 52, 58 ; **Julie Schwob :** 30, 68 ,144, 146, 152 ; **Julie Soucail :** 34, 72, 74, 82, 88, 92, 96, 98, 104, 106, 108, 118, 122, 124, 126, 132, 138 ; **Pascale Weeks :** 120, 128, 150 ; **Caroline Wietzel :** 54, 56, 60.

ISBN : 978-2-7540-6701-0
Dépôt légal : septembre 2014
Imprimé en Espagne

Direction éditoriale : Aurélie Starckmann
Édition : Maëlle Sigonneau
Maquette : Istria
Conception graphique : www.atelier-du-livre.fr

Éditions First, un département d'Edi8
12, avenue d'Italie
75013 Paris – France
E-mail : firstinfo@efirst.com
Site internet : www.editionsfirst.fr